市町村社会福祉行政のアドミニストレーション

三浦理論・大橋理論から新たな展開へ

森 明人 ◆著 Akito Mori

中央法規

推薦の辞

　戦後日本の社会福祉研究、とりわけ社会福祉方法論研究においては、アメリカから「輸入」されたケースワーク、グループワーク、コミュニティオーガニゼーションというオーソドックスな社会福祉方法論の用語に加えて、ソーシャルアクション、ソーシャルアドミニストレーションという用語が社会福祉関係者の間で慣用句的に使われきた。しかしながら、ソーシャルアドミニストレーションに関して言えば、その研究枠組み及びそのことに関する体系的研究はほとんど皆無であったと言っても過言ではない。ソーシャルアドミニストレーションの研究は、三浦文夫によれば日本では社会行政、あるいは社会福祉運営管理とか訳されて使われてきたが、必ずしも定まってはいない。

　三浦はR. M. ティトマスの論説に依拠しながらソーシャルアドミニストレーションと言われる領域の研究を開発、推進してきた研究者であるが、ティトマスはソーシャルアドミニストレーションを定義づけることは困難であると断りつつ、「基本的には一連の社会的ニーズの研究と、欠乏状態のなかでこれらのニーズを充足するための組織がもつ機能の研究」であると整理したティトマスの考え方を紹介している。さらには、ティトマスは、ソーシャルアドミニストレーションとして取り扱われるテーマを列挙しているが、それは、政策形成とその効果、社会福祉の組織・機関・施設等の運営過程、社会的ニーズの把握、資源の調達・配分、人的資源および職員に関する事項、受給者の権利、中央・地方の政府の役割等が研究領域、課題であることも紹介している（『現代社会福祉事典』1988年刊、全国社会福祉協議会、担当項目執筆者三浦）。

　本書は、日本の社会福祉研究において、ソーシャルアドミニストレーションに関する学説史的、かつ研究対象の限定、課題の抽出、分析枠組み等に関わる学術論文は皆無である状況を踏まえて執筆されたもので、その研究意義は高く、これから社会福祉行政、政策においてソーシャルアドミニ

ストレーション研究が進む嚆矢となればと期待したい著書である。とりわけ、ティトマスが研究テーマとして列挙したような課題をマトリックスで整理し、ソーシャルアドミニストレーション研究の枠組を提示したこともこの分野の研究のより一層の推進に貢献できるであろう。

　日本の社会福祉研究におけるソーシャルアドミニストレーションを標榜した研究には、①機関委任事務体制、措置行政時代における研究としては重田信一の社会福祉施設運営管理論研究や高沢武司の社会福祉行政研究がある。②「福祉国家」体制のあり方に関わって、対人援助サービスが求められるようになってきた1970年代では、国レベルのソーシャルポリシーとの関係での研究で、三浦の社会的ニーズに対応する社会福祉サービスの整備のあり方に関する研究や星野信也らの研究がある。③市町村の社会福祉行政のあり方と地域福祉システム構築に関する政策形成及びその職員の実践方法論等を研究した大橋謙策らがいる。

　本書ではそれら先行研究を渉猟し、批判的に検証して、これからの市町村自治体における社会福祉行政と地域福祉推進におけるソーシャルアドミニストレーション研究の必要性と重要性を指摘している。

　かつ、歴史的に社会福祉研究、実践におけるソーシャルアドミニストレーションに関する研究の系譜、学説史をまとめている。この研究だけでも本書が刊行された意義は高い。

　また、本書は、労働経済学にあまりにも引き付けられたソーシャルポリシーと社会福祉学研究のあり方に焦点を当て、それら社会福祉学研究者が囚われていた研究方法からの脱皮を指向した副田義也等の福祉社会学研究者のソーシャルポリシーの研究方法、研究課題と三浦らが旧来の社会福祉学研究とは異なる領域、視点を切り開こうと考えた社会福祉学研究との違い等を検討した上で、社会福祉学研究におけるソーシャルアドミニストレーション研究の独自性と重要性を指摘している点も高く評価できる。

　このように、本書は従来の社会福祉学研究が、いいも悪いも厚生労働省の政策にあまりにも依拠しすぎており、その結果、それを批判することに偏った研究や、あるいは厚生労働省が設定する制度の枠を前提としての研究に偏りがちであった研究を、市町村の地域主権が強まってきている状況

のなかで、どのような枠組み、機能で市町村のソーシャルアドミニストレーションが行われるべきかを明らかにしようとした、理論仮説生成型の研究として行われている。この点は今後大いに実践的に深められるべき領域であり、研究課題である。

　また、本書は上述してきたように、市町村主権化時代における地域福祉のあり方を再検討する重要な視座を提供している書でもある。

　その上で、本書が、ソーシャルアドミニストレーション研究が学説史的に市町村の社会福祉行政と地域福祉システム構築に関するソーシャルアドミニストレーションの時代になったという研究、実践の歴史的変遷を本書が整理したことも評価できる。しかしながらそれらの論説の限界やその批判的指摘、また「『我が事・丸ごと』地域共生社会実現」に向けた地域福祉の政策化時代におけるソーシャルアドミニストレーションの研究枠組みの提示や検討すべき課題の抽出、あるいは規制緩和時代における社会福祉行政のソーシャルアドミニストレーションのあり方に関する研究枠組みと検討課題の抽出には若干の弱さがある。しかし、それは今後、上述したように、全国各地の地方自治体において、具体的事例や実践を踏まえて研究が深められていく課題であろう。

　本書が、今後の地域福祉研究、実践の重要な一翼であるソーシャルアドミニストレーション研究の重要性を提起したこと、またこの間の日本のソーシャルアドミニストレーションに関する学説史研究を行ったことを評価し、ここに推薦する次第である。読者諸賢の忌憚のないご批判、ご叱正を期待したい。

　2018年7月14日　パリ祭の日に

大橋　謙策

はじめに

　「『我が事・丸ごと』地域共生社会実現本部」政策は、市町村社会福祉行政に自律的な政策運営を求める政策である。市町村社会福祉行政は、個別ニーズの解決にもとづく地域の福祉資源の創造と実施機構づくりを可能にする社会福祉行政の関与のあり方を独自に検討し、地域自治と地域福祉のあり方を創造していかなければならない時代になった。

　その大きな転換点となったのは、1990年の社会福祉関係八法改正を契機に市町村で展開された在宅福祉サービスを軸にした新たなサービスシステムの構築であり、地域福祉計画にもとづく地域福祉実践と社会福祉行政のアドミニストレーションにある。市町村で展開された地域福祉実践は、福祉サービス圏域を設定しソーシャルワークと保健・医療・福祉サービスの統合化を図ったり、社会福祉サービスの運営管理を財政フレームを用いた地域福祉計画を策定するなど、ある意味、地域福祉を素材に新たな地方自治を切り開いた。

　いわば草の根民主主義の社会実験とでも言うべき地域福祉実践が市町村で展開された。この一連の地域福祉実践の成果が、2000年以降のコミュニティソーシャルワークの理論化につながり、今日の地域共生社会政策の実現に向けた政策連携を媒介するソーシャルアドミニストレーション機能となった。その意味では、本書で提起する「市町村社会福祉行政のアドミニストレーション」機能と枠組みは、1990年代の地方自治体をフィールドにした創造的な地域福祉実践から帰納的に生成された理論仮説とも言える。

　2011年に施行された「地域の自主性及び自立性を高めるための改革を推進するための関係法律の整備に関する法律」から数次の地方分権一括法は、地方政府としての市町村社会福祉行政を強く求める内容となった。これからの市町村社会福祉行政は、これまでの国が決めた政策をもとに、手続き的に瑕疵のない執行機関としての行政から、単身者の地域生活課題や

多問題家族の複合ニーズの解決過程を起点に新たな地域共生社会政策を形成することができるボトムアップ型の行政への思考的転換が求められる。また、行政課題および政策課題の領域に応じては、高度な専門性と包括的なアドミニストレーション機能を可能にする柔軟性を具備した社会福祉行政へと、自ら組織変革していく行政組織のあり方が問われることになる。地域主権化時代を迎えた市町村社会福祉行政には、いわばそれを実行に移す覚悟と決意が問われることになる。

　これまで、日本の社会福祉研究においてソーシャルアドミニストレーション概念に関する研究は、国レベルの社会福祉行政に関する研究が主流であり、地方自治体市町村の社会福祉行政の運営や組織編成に着目した研究は多くない。なおさら、地域福祉研究においても、社会福祉協議会を主体にしたコミュニティオーガニゼーションやコミュニティワークに関する研究が多い。地域福祉研究において、地方自治体論をベースにした市町村社会福祉行政に関する研究は、右田紀久恵や大橋謙策が多くの重要な知見を残しているが、その後、イギリスのソーシャルポリシーの展開を意識したソーシャルアドミニストレーションを市町村社会福祉行政の枠組みで展開しようとするソーシャルアドミニストレーション研究は大きな進展をみせてこなかったと言ってよい。

　本書では、市町村社会福祉行政のアドミニストレーション機能と枠組みに着目し、行政組織のもつ権限を効果的に発揮する組織部門の検討や、財源の合理的支出とマネジメント、草の根民主主義に立脚した地方自治の創造に向けた新たな福祉サービスシステムにもとづく地域福祉の推進、福祉と起業による循環型経済の創造とまちづくりに向けた政策の総合化など、これから地域共生社会政策が目指す目的と理念を実現するために求められる社会福祉行政のアドミニストレーション機能に関する研究を目指した。

　本書の狙いが十分に展開しきれず、また深い論考に至っていない点が多々あることを承知の上で、公刊させていただくことにした。多くの読者諸賢から、ご批判とご叱正を賜り、今後の研究課題とさせていただきたい。本書が、今後の市町村社会福祉行政の新たな地平を切り開こうとする各市町村関係者の皆様に読んでいただくことができ、全国各地で展開される市

町村主権化時代の地域福祉推進の一助になれば幸いである。

2018年8月1日

　　　　　　　　　　　　　国見キャンパス研究室にて　森　明人

〔目次〕

推薦の辞 ·· i
はじめに ·· v

序　章　地域主権化・規制緩和時代の「市町村社会福祉行政のアドミニストレーション」 ··········· 1

第1節　研究の背景 ·· 2
　1　「地域福祉の政策化」に求められる市町村社会福祉行政の新たな展開 ············ 2
　2　ソーシャルアドミニストレーション研究の到達点と課題 ···························· 4
　　(1)　英米を中心としたソーシャルアドミニストレーションの理論研究 ··········· 4
　　(2)　日本のソーシャルアドミニストレーション研究の展開と課題 ················· 6
　　(3)　「ソーシャルアドミニストレーションの日本的展開」の体系化の課題
　　　　──日本の社会福祉政策における地域福祉への展開を中心に ··············· 9
　3　「市町村社会福祉行政のアドミニストレーション」機能と枠組みをめぐる諸説の検討 ··· 12

第2節　研究課題及び研究方法 ·· 17
第3節　基本用語の定義 ·· 19

第1章　ソーシャルアドミニストレーション研究の学説史的検討 ········· 27

第1節　社会福祉研究におけるソーシャルアドミニストレーション研究の学説史 ··· 28
　1　ソーシャルアドミニストレーション研究の学説史の分析枠組み ·············· 28
　2　ソーシャルアドミニストレーション研究の学説史の検討 ······················· 31

第2節	ソーシャルアドミニストレーションの体系化の課題 ……… 38
	1　三浦文夫の社会福祉政策研究における実践構造 …………… 38
	2　「ソーシャルアドミニストレーション研究の分岐と発展」 　　──三浦理論以降の展開を中心に ……………………………… 40
	3　三浦理論の政策的課題と地域福祉への展開 ………………… 42

第3節	社会福祉政策の展開とソーシャルアドミニストレーションの変容 …………………………………………………………… 44
	1　政策ニーズの変化とソーシャルアドミニストレーション研究の変容 … 44
	2　「ソーシャルアドミニストレーションの日本的展開」の実践構造 　　──三浦理論と大橋理論の比較 ……………………………… 47
	3　ソーシャルアドミニストレーションの体系化と社会福祉研究の課題 … 51

第4節	ソーシャルアドミニストレーション研究の課題 ………………… 53

第2章　ソーシャルアドミニストレーションの方法論──政策社会学・福祉社会学の論議を中心に …… 61

第1節	ソーシャルアドミニストレーションの方法的課題 ……………… 62
	1　ソーシャルアドミニストレーション研究におけるソーシャルワークの位置 ……………………………………………………… 62
	2　「問題解決の学」としての社会福祉研究の論理 ……………… 65

第2節	ソーシャルアドミニストレーション研究の構造 ──三浦理論への副田の論説 ………………………………… 68
	1　ソーシャルアドミニストレーション研究に対する社会学的評価 …… 68
	2　ソーシャルアドミニストレーション研究の社会学的側面 ……… 70

第3節	ソーシャルアドミニストレーション研究の源流と展開 ──政策社会学と福祉社会学の視座 ………………………… 73
	1　社会学と政策社会学──福武直の系譜 ……………………… 73
	2　福祉社会学の視座──マッキーバーと副田の論説 ………… 76

第4節	まとめ・結論──ソーシャルアドミニストレーションと社会福祉学研究 ……………………………………………… 78

第3章　地方自治体を基盤にした社会福祉行政の
　　　　アドミニストレーションの展開 ……………………… 83

　第1節　地域福祉問題とソーシャルアドミニストレーション ………… 84
　　　1　「新たな貧困」問題の発見と法外援護 …………………………… 84
　　　2　自治型地域福祉とソーシャルアドミニストレーションの視座 … 85
　　　3　地域福祉の展開とソーシャルアドミニストレーション ………… 87

　第2節　地域福祉研究における地方自治・行政学の課題 ……………… 88
　　　1　市町村総合計画のアドミニストレーションの視点 ……………… 88
　　　2　地域福祉研究における地方自治体論研究の視座 ………………… 91

　第3節　市町村社会福祉行政の総合化と地域福祉計画の役割 ………… 94
　　　1　社会福祉政策としての地域福祉計画 ……………………………… 94
　　　2　地域福祉計画におけるソーシャルアドミニストレーションの
　　　　　視点と課題 …………………………………………………………… 95

　第4節　大橋地域福祉論におけるソーシャルアドミニストレー
　　　　　ション概念 …………………………………………………………… 97
　　　1　地域福祉計画におけるソーシャルアドミニストレーション …… 97
　　　2　コミュニティソーシャルワークにおけるソーシャルアドミニスト
　　　　　レーション …………………………………………………………… 99
　　　3　「地域福祉のアドミニストレーション」研究の到達点と課題 … 101

　第5節　まとめ・結論──「地域福祉のアドミニストレーション」に
　　　　　おける枠組みの再編 ……………………………………………… 104

第4章　「市町村社会福祉行政のアドミニストレー
　　　　ション」の機能と枠組みの検討 ……………………… 111

　第1節　地域主権化と「市町村社会福祉行政のアドミニスト
　　　　　レーション」の枠組み …………………………………………… 112
　　　1　市町村社会福祉行政に求められる政策運営の課題 …………… 112

2　「地域福祉のアドミニストレーション」から「市町村社会福祉
　　　　行政のアドミニストレーション」へ………………………………… 116
　　　3　「市町村社会福祉行政のアドミニストレーション」の枠組みの検討… 118

第2節　地域包括ケアシステム運営の総合化と市町村社会
　　　　福祉行政の課題……………………………………………………… 121
　　　1　地域ケア会議の運営に求められるサービス開発と政策化………… 121
　　　2　市町村社会福祉行政の政策運営とコミュニティソーシャルワークの
　　　　システム化………………………………………………………………… 122
　　　3　地域福祉計画と介護保険事業計画の相互補完性…………………… 124
　　　4　地域包括支援体制の構築と運営に求められる「市町村社会福祉
　　　　行政のアドミニストレーション」……………………………………… 125

第3節　「市町村社会福祉行政のアドミニストレーション」の
　　　　分析枠組み…………………………………………………………… 128
　　　1　地域包括ケアシステムの運営と社会福祉行財政運営の課題
　　　　　──「権限」、「財源」、「供給」、「運営」を中心に……………… 128
　　　2　「福祉でまちづくり」における地域福祉と「ソーシャルエンター
　　　　　プライズ」──「協働」の問題を中心に …………………………… 130

第4節　結論・まとめ…………………………………………………………… 132

第5章　地域共生社会時代の市町村社会福祉行政の　アドミニストレーション課題 …………………… 137

第1節　「市町村社会福祉行政のアドミニストレーション」と
　　　　「行政組織の再編成」……………………………………………… 138

第2節　地域共生社会政策と「市町村社会福祉行政のアドミニ
　　　　ストレーション」実証的課題 …………………………………… 142
　　　1　地域共生社会政策における政策動向………………………………… 142
　　　2　「市町村社会福祉行政のアドミニストレーション」の課題分析…… 143
　　　3　「市町村社会福祉行政のアドミニストレーション」に求められる
　　　　実証的課題………………………………………………………………… 146

第3節 「市町村社会福祉行政のアドミニストレーション」の
　　　　理論課題──「行政組織の再編成」に求められる3つ
　　　　の「社会福祉行政の専門機能」と組織部門 ……………………… 151
　　　　　(1)「政策企画・調整機能」を強化したスタッフ型の組織部門 …………… 152
　　　　　(2) 地域福祉の推進に向けた市町村レベルの「専門的後方支援」体制 …… 153
　　　　　(3) 福祉行政専門職の採用・配置・育成・研修の組織体制 ………………… 153

終　章　ソーシャルアドミニストレーション研究と社会福祉学研究の課題 …………………………………… 157

第1節　研究の総括と今後の展望 ……………………………………………… 158
　　　1　日本の社会福祉研究におけるソーシャルアドミニストレーション
　　　　　概念と体系化 ………………………………………………………………… 158
　　　2　政策ニーズの変化と6つのソーシャルアドミニストレーションの
　　　　　ベクトル ……………………………………………………………………… 160
　　　3　「ソーシャルアドミニストレーションの日本的展開」と実践構造 …… 161
　　　4　地域主権化時代の「市町村社会福祉行政のアドミニストレー
　　　　　ション」の枠組み …………………………………………………………… 162
　　　5　地域共生社会時代の「市町村社会福祉行政のアドミニスト
　　　　　レーション」課題 …………………………………………………………… 163

第2節　各章の内容並びに明らかにしたこと ……………………………… 165

第3節　本研究の意義と限界、今後の課題 ………………………………… 168

参考文献 ……………………………………………………………………………… 171

謝辞 …………………………………………………………………………………… 175

索引 …………………………………………………………………………………… 178

序章

地域主権化・規制緩和時代の「市町村社会福祉行政のアドミニストレーション」

第 1 節

研究の背景

1 「地域福祉の政策化」に求められる市町村社会福祉行政の新たな展開

　地域主権化が進む市町村社会福祉行政には、地域の実情にあった地域包括ケアシステムの構築と個別の「生きづらさ」を地域コミュニティで支える全世代を対象とした包括的な相談支援体制づくりを総合的に運営するための市町村社会福祉行政が求められている。

　2015 年 9 月に示された「新たな時代に対応した福祉の提供ビジョン」を皮切りに、2016 年 7 月の「『我が事・丸ごと』地域共生社会実現本部」で示された「地域包括ケアシステムの深化・地域共生社会」、2016 年 12 月「地域における住民主体の課題解決力強化・相談支援体制の在り方に関する検討会（地域力強化検討会）」の「地域力強化検討会中間まとめ～従来の福祉の地平を超えた、次のステージへ～」と政策推進は加速している。

　「『我が事・丸ごと』地域共生社会実現本部」のワーキンググループの構成から考えて、その大きな柱は「公的サービス改革」、「地域力強化」、「専門人材」の 3 つからなる。そのなかでも、「公的サービス改革」では介護・医療サービスの統合化が、「地域力強化」では地域福祉・コミュニティソーシャルワークが政策推進の両輪となっており、いわば市町村の日常生活圏域に全世代に対応する「地域自立生活支援システム」の構築を目指す内容となっている。これら一連の政策動向から、地域包括ケアシステムの構築は、自治体機能の強化や医療・介護サービスの統合化を市場サービスへの対応を含めて推進する方向性が確認される。また、その相互補完的な位置に「地域力強化」が政策化され、これまで地域福祉の方法論に位置づけられてきたコミュニティソーシャルワークという考え方と機能は、システム化と理論化の段階を経て、市町村ごとに整備を進めようとしている包括的な相談支援体制となった。

市町村社会福祉行政は、複合化するニーズに対して、市町村と身近な日常生活圏域に重層的な社会福祉サービスの実践システムを構築しなければならない。また、そのサービスシステムを政策的に運営できる市町村社会福祉行政の組織的な再編成と機構づくりが求められており、多様化・複雑化・複合化するニーズに対して、保健・医療・福祉・介護サービスの統合化が必要となっている。また、生活困窮世帯へのアウトリーチ並びに伴走型のソーシャルワークによる問題の整理と支援計画にもとづくアプローチは、地域自立生活支援の実現に向けて、雇用、就労、教育、生活支援、住まいの確保までを総合的に推進することが求められており、地域社会では本格的な社会政策にもとづく多様な社会サービスが社会的要請になっている。そのような社会ニーズと政策動向が背景にあり、市町村では言わば、「地域福祉の政策化」を必要とする社会状況が現れている。そのような状況を踏まえて市町村社会福祉行政では、「地域福祉の政策化」を可能とする総合的な社会福祉行政のアドミニストレーション機能が実践的にも研究的にも課題になっている。

　ところで、「地域福祉の政策化」は、国レベルの地域福祉政策では1990年の「生活支援地域福祉事業」や1996年の「ふれあいのまちづくり事業」、2010年の「安心生活創造事業」の連続線上にある政策であり、いわばコミュニティソーシャルワークを媒介機能及び実践手段としてソーシャルサポートネットワーク形成し、かつ地域コミュニティづくりやまちづくりにつなげていくことを含意する政策である。その基本的視点は、単身者・世帯がもつニーズへのアウトリーチやワンストップ化などコミュニティソーシャルワークによる包括的支援が方法論として位置づけられており、新しい支援体制の構築・担い手の確保に向けた課題が整理されている。地域福祉の推進に向けた市町村社会福祉行政の体制づくりでは、庁内連携体制の構築や、地域活性化の視点から本事業を推進するための庁内他部署との連携、専門職の人事管理を含めた行政組織の体制づくりを課題としてあげている。これら地域福祉の政策として実施されてきた「ふれあいまちづくり事業」にしても、「安心生活創造事業」にしても、制度の狭間問題や単身者の孤立化と生活課題に対してコミュニティソーシャルワークを軸にし

たサービスシステムを市町村および日常生活圏域に構築しようとする政策であり、その方法論に着目すれば「コミュニティソーシャルワークの政策化」といっても過言ではない。そのなかで市町村社会福祉行政は、大きな役割を果たすことが期待されているが、必ずしも地域福祉の推進に向けて、コミュニティソーシャルワークをシステムとして運用するための行政の組織体制は編成されておらず、政策推進上の大きな課題となっているのが現状である。

　地域共生社会政策の展開に位置づけられる「地域福祉の政策化」は、第1に市町村における「地域共生社会政策の推進」、第2に「地域福祉計画の政策化」、第3に「コミュニティソーシャルワークのシステム化」の3つの政策的課題を包含する政策変化であり、それに合わせた行政組織の編成をセットで検討しなければならない。第1の「地域共生社会政策の推進」は、地域福祉が隣接する政策領域と連携をしながら、参加や包摂的な労働などを積極的に位置づけたまちづくりを目指す政策化の側面、第2の「地域福祉計画の政策化」は、1の政策展開を踏まえて高齢者・障害者・子ども子育て支援、生活困窮者などの社会福祉行政を起点にした総合化を推進するための政策計画としての側面がある。さらに、第3に、2を市町村を基盤に総合的に推進するには、ニーズを起点にソーシャルサポートネットワークの形成とサービス開発をボトムアップ型で政策形成できる方法論としてのコミュニティソーシャルワークをシステム化する必要がある。これらの「地域福祉の政策化」には、これらの課題に専門的かつ包括的に応えるための市町村社会福祉行政が、政策調整機能や人材・組織開発、「丸ごと支援」に対応する包括的支援サービスの供給機能をアドミニストレーションする市町村社会福祉行政の組織機能が求められる。

2　ソーシャルアドミニストレーション研究の到達点と課題

(1) 英米を中心としたソーシャルアドミニストレーションの理論研究

　ソーシャルアドミニストレーション研究には、英米とりわけイギリスのティトマス学派の論説を日本に紹介する研究が多い[1]。イギリスのソーシ

ャルアドミニストレーションに関する研究では、1968年のシーボーム報告を1つの契機に社会福祉改革の政策動向をフォローする研究を中心に多様な翻訳・紹介型の研究が多く存在する。英米のソーシャルアドミニストレーション研究の学説史の理論化・体系化に問題意識をもつ主な先行研究としては、岡田藤田郎（岡田1998）がソーシャルポリシーとソーシャルワークの統合を主題にした理論研究を数多く手がけている。星野信也（星野1977；1986）や吉原雅昭（吉原1995；1996）は、欧米のソーシャルアドミニストレーション研究の理論的な検討を踏まえつつ、日本の社会福祉政策から地方自治体の社会福祉行政に関する実証的なソーシャルアドミニストレーション研究を行っている。

イギリスの社会福祉政策の理論動向に関する精緻な研究を進めた星野は「ソーシャル・アドミニストレーションの発展と現状」や『「選別的普遍主義」の可能性』等の社会福祉研究を残している（星野1986；2000）。星野は、重田信一の「施設管理論」、高沢武司の「国家独占資本主義の管理構造」、三浦文夫の「社会福祉経営論」をソーシャルアドミニストレーション研究の先行研究としてとりあげているが、それぞれの論説に対する本格的な論議を行っているわけではない。その星野は、イギリスのソーシャルアドミニストレーション研究は、日本の関連する研究分野に照応しようとすれば、「わが国で広く『社会福祉学』と呼ばれる学問分野がそれにあたるというべきだろう」[2]と述べている（星野1986：89）。

また、ソーシャルアドミニストレーション研究の理論化に関心を持つ社会福祉研究には、坂田周一と吉原がいる。

坂田は、日本の社会福祉政策研究には、理論枠組みや準拠枠がないために研究課題に対する体系的な説明が困難であることを指摘している（坂田1982：280）いる[3]。坂田のソーシャルアドミニストレーション研究に関する理論的関心及び問題意識は、イギリスのソーシャルアドミニストレーション研究の第2世代であるピンカーらが、ティトマス及びドニソン等のソーシャルアドミニストレーション研究の第1世代に対する批判的な視点と重なる点がある。

吉原は、英米の1995年までの社会政策並びにソーシャルアドミニスト

レーション理論を学説史的に整理しながら、イギリスの1970年代の諸改革による自治体の社会サービス組織に関する研究、福祉多元主義と民営化・準市場の形成が、ソーシャルアドミニストレーション研究の内容を大きく変化させていることを明らかにしている（吉原1996：196 － 199：200 － 203）。また、イギリスのソーシャルアドミニストレーション研究における理論的・実践的テーマが、ティトマスの福祉国家運営の理論的枠組みから、国から地方自治体へと移行しソーシャルワーク並びにその実施組織のマネジメントまでソーシャルアドミニストレーションの政策的な課題が延伸していることを明らかにしている（吉原1995；1996）。

　この吉原の指摘を踏まえれば、日本のソーシャルアドミニストレーション研究の理論的関心は、社会福祉政策の地方自治体を基盤にした在宅福祉サービスへの展開、あるいは地域福祉の推進にその関心を拡張しなければならなかった。

　しかしながら、ソーシャルアドミニストレーション研究は、基本的に英米のソーシャルアドミニストレーション研究や国レベルの社会政策並びに社会福祉政策研究として発展したため、日本の社会福祉研究における1980年代から1990年代の社会福祉改革、その後の社会福祉政策の地域福祉への政策展開までを理論的にフォローし、ソーシャルアドミニストレーション研究として体系化しようとする社会福祉研究はない。その意味では、吉原がイギリスのソーシャルアドミニストレーション研究の地方自治体への課題の移行を指摘した論説は重要である。日本の社会福祉政策研究が、1990年の社会福祉関係八法改正を契機に、地域福祉へと展開した軌跡をソーシャルアドミニストレーション研究の理論的枠組みとして捉えようとする、本研究の問題意識に重なるソーシャルアドミニストレーションの理論研究に位置づけられる先行研究である[4]。

⑵ **日本のソーシャルアドミニストレーション研究の展開と課題**

　日本の社会福祉研究においてソーシャルアドミニストレーションを検討する場合、三浦の社会福祉政策研究を起点にした地域福祉研究への展開と発展から研究課題を仮説的に構造化すれば、【図表0 － 1】のようになろう。

図表0-1　社会福祉政策研究の発展と社会福祉学研究の課題

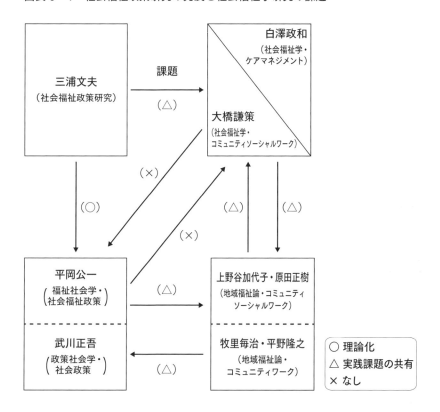

　日本における社会福祉研究において、三浦の社会福祉政策研究を起点として、大橋謙策の地域福祉研究への政策展開と発展をソーシャルアドミニストレーション研究の理論課題として捉える研究はない。その主な理由は、これまでのソーシャルアドミニストレーションの研究自体が、前述した英米の政策動向をフォローする研究が中心になってきたという事実があること、また三浦の社会福祉政策研究以降の研究課題が、社会福祉政策研究の理論化の方向に進展をみせたため、地方自治体を基盤とした地域福祉実践研究の展開を、社会福祉政策から地域福祉実践への政策運営課題を社会福祉研究の理論的枠組みから一体的に捉えようという研究に進展しなかったことが、その背景にはあろう。

第 2 に、三浦の社会福祉政策研究を理論化へとリードした平岡公一ら を中心とする社会福祉政策理論の研究は[5]、地域福祉という政策展開を主 導した大橋のコミュニティソーシャルワーク研究と共通の理論的枠組みを 有しているわけではない[6]。

　本研究が、三浦理論と大橋理論の課題の継承に焦点をあて、社会福祉政 策とコミュニティソーシャルワークを社会福祉学研究の１つの実践体系と して捉えようとする視点から言えば、社会福祉政策研究がソーシャルワー クをいかに体系的・理論的枠組みに組み込むかは今後の社会福祉学研究を 考えるうえで重要な理論的検討課題になるものと考える。その実践的枠組 みの課題となるのは、ニーズへのアウトリーチとアセスメントを実施する ソーシャルワークによる相談支援機能のシステム化・政策化であり、市町 村社会福祉行政がソーシャルワークを軸としたサービスシステムを構築す ることである。その基本構造は、個別支援ニーズへの対応について、コミ ュニティソーシャルワークを媒介に社会福祉政策へのボトムアップのベク トルをつくる方法論を理論化できるかにあると言って良い。しかし、その 点で言えば、社会福祉政策研究はソーシャルワークを実践として位置づけ る視点こそ持っているものの、どうニーズを起点にしたサービス資源を開 発するか、どう地域コミュニティづくりと一体的に進めるかというメゾ・ レベルの方法論に対する視点は弱い。ソーシャルアドミニストレーション を検討する場合、社会福祉政策とソーシャルワークを架橋する問題意識を もつ地域福祉・コミュニティソーシャルワークをどう位置づけるかは、ソ ーシャルアドミニストレーションを考える上で大きな理論課題になってい る。

　第 3 に、第 2 の論点を検討課題とする研究分野である地域福祉研究の 動向である。大橋を中心とした地域福祉とコミュニティソーシャルワーク の理論化と、それ以降の地域福祉研究の課題が継承されているかが問題に なる。この理論的な中心は、ニーズを起点にしたソーシャルワークによる 問題解決を軸としたサービス開発と地域コミュニティの形成・まちづくり が、社会福祉政策の形成までを視野に入れた論理構造となっているか、社 会福祉学研究の理論的枠組みの課題となる。その実践体系を軸にした理論

的枠組みが、市町村レベルの社会福祉行政の枠組みとして共通認識になっているかは、社会福祉学研究の課題となっている。地域福祉研究では実践的な研究が進展しているが、社会福祉政策研究との体系化・理論化には課題がある。地域福祉研究の現状は、あえて分ければ、ソーシャルワークによる問題解決という個別支援に軸をおく大橋らのコミュニティソーシャルワークの研究群と、コミュニティオーガニゼーションとコミュニティワークから地域開発を重視する2つの系統が混在しながら、1つの地域福祉研究を構成している。

　本研究では、三浦の社会福祉政策研究を起点にしたソーシャルアドミニストレーション研究の発展と課題を構造的に整理した。本研究では、そのなかでも三浦・大橋の体系化に焦点をあて、実践体系としての理論枠組みの検討を行い、三浦・大橋の理論以降の課題となる「市町村社会福祉行政のアドミニストレーション」の構築に焦点をあてて進めていく。

⑶　「ソーシャルアドミニストレーションの日本的展開」の体系化の課題
　　──日本の社会福祉政策における地域福祉への展開を中心に
　本研究では、三浦の社会福祉政策研究と大橋の地域福祉研究にフォーカスをあて、「ソーシャルアドミニストレーションの日本的展開」について述べる。
　三浦の研究は、ソーシャルアドミニストレーションを主題とする多くの研究において、先行研究に位置づけられるが、その主たる評価は国レベルの社会福祉サービス供給論としての評価であろう（京極・小林良二・高橋紘士・和田敏明1988；小笠原・平野2004）。しかし、三浦の社会福祉政策研究は、1980年代から1990年の社会福祉関係八法改正を契機にその政策的な関心を、地方へ移行させた（三浦1995；三浦・右田・大橋2003）。
　三浦は地域福祉を基調とした在宅福祉サービスの整備を福祉ミックス論で進めることになるが、全国的な在宅福祉サービスの整備と市町村を基盤にしたソーシャルワークの統合化・システム化を政策的な課題とする地域福祉の推進は実践課題として残った。ソーシャルアドミニストレーション研究の焦点は、三浦の社会福祉政策の地域福祉への展開を、市町村を

基盤にどうソーシャルワークと在宅福祉サービスを統合化・システム化するかという課題に移行したと言える。この社会福祉政策の地域福祉への展開について、市町村を基盤に地域福祉実践として推進したのは大橋であり、1990年から基調となった地域福祉は、地域福祉計画とコミュニティソーシャルワークを基本的な枠組みとして発展した。その枠組みは、「安心生活創造支援事業」をはじめとする市町村を中心とする地域福祉を柱におく政策・施策となった。このような一連の社会福祉政策の地域福祉への潮流を、ソーシャルアドミニストレーション研究の課題として位置づける社会福祉研究がないのはなぜであろうか。地域福祉推進の方法がコミュニティソーシャルワークに集約されるとすれば、いまなお、社会福祉政策研究とソーシャルワーク研究が1つの社会福祉学研究であるという論説に、大きなコンセンサスが形成されていない点にその難しさがあることも事実である。しかし、そもそもイギリスのソーシャルアドミニストレーション研究は、ソーシャルポリシー研究と一体的な枠組みであり、その概念と体系化を重視するソーシャルポリシーという説明体系に対して、ソーシャルアドミニストレーション研究は、イギリス経験主義の伝統に根ざした実証的な社会改良志向にもとづき、社会問題を事実として提示し政策目的を実現していくという視座をもつ、実践的かつ設計科学的な研究方法に特徴を有する。その意味では、社会政策とソーシャルアドミニストレーションは、その政策的な価値・目的を共有しつつ、変化する時代のニーズを明らかにし、それに応じたサービス供給システムをどう構築するか、そして運営においてどうサービス効果を高めるかという方法論が一体的な枠組みであり、日本の社会福祉政策から地域福祉への展開がもつ実践科学的な特徴とも符合する。三浦は、ティトマスの『社会福祉と社会保障』の訳者「あとがき」で、同著の第1部のティトマスのソーシャルアドミニストレーションに関する見解について（ティトマス＝三浦ら訳1971：16-19）、「ソーシャルアドミニストレーションは単なる行政ということではなく、社会福祉のプランニング、組織、運営、管理、評価を含むより広い概念であることを教えてくれ、そしてそれが現代社会において、いかに重要なものであるかを示唆してくれている。中略……これを機会にわが国における『社会福祉行

政』の内容をあらためて検討する必要があるように思われる。」と述べている（ティトマス＝三浦 1971：339）[7]。

　地域自立生活支援という理念を実現していこうとするときに、複合化、潜在化するニーズにアウトリーチできるソーシャルワーク機能をどう市町村を基盤にシステム化するかという問題は、ソーシャルアドミニストレーションの大きな焦点になるし、その解決なくして政策目的は達成できないという点に、現代の政策運営課題があることを共通認識にしなければならない。日本における社会福祉政策の焦点も、国から地方と地域へ第三の分権が進む。全国的な社会福祉サービスの整備から市町村を中心としたソーシャルワークの統合化・システム化へ、国を中心とした社会福祉政策運営から地域主権化した市町村社会福祉行政による政策運営へとソーシャルアドミニストレーションに求められる枠組みと政策の焦点は変化している。その変化を鋭敏に捉えるのが、ソーシャルワークをアンテナにする社会福祉研究であり、ソーシャルアドミニストレーション研究でなければならない。社会問題の実態解明と新たな社会福祉のあり方を実践的に切り開いていく実践科学・統合科学としてのソーシャルアドミニストレーション研究から社会福祉学研究を再考していくことが必要である。

　しかしながら、社会福祉研究において、ソーシャルアドミニストレーション研究として位置づけられる三浦の社会福祉政策研究を、その後の地域福祉の推進とコミュニティソーシャルワークまでを含めて、ソーシャルアドミニストレーション研究として捉える研究はない。その視点から考えると、三浦の社会福祉政策から大橋の地域福祉への政策展開におけるソーシャルアドミニストレーションを社会福祉実践として概念的、機能的に検討し社会福祉研究に位置づけることは社会福祉学研究にとって大きな理論課題になっていると言えよう[8]。これまでの英米の社会政策中心のソーシャルアドミニストレーション研究に対して、日本の社会福祉政策における地域福祉への展開を「ソーシャルアドミニストレーションの日本的展開」として素描し、今後の社会福祉学研究における1つの実践的・理論的な枠組みを明らかにしておきたい。

3 「市町村社会福祉行政のアドミニストレーション」機能と枠組みをめぐる諸説の検討

　「市町村社会福祉行政のアドミニストレーション」は、地域主権化・規制緩和時代における市町村社会福祉行政の政策運営を総合化するための5つの機能と、11の実践要素からなる機能的な枠組みである。その枠組みの主な先行研究について整理した【図表0－2】。

　地域主権化時代における「市町村社会福祉行政のアドミニストレーション」の枠組みは、中核的な5つのアドミニストレーション機能として「権限」、「財源」、「供給」、「運営」、「協働」から構成される。また、その11の実践要素からなり、中核的な「運営」のアドミニストレーション機能に含まれる実践要素として、「計画」、「行政組織の編成」、「コミュニティソーシャルワーク」、「サービス開発」、「実践システム」、「権利擁護」、「研修システム」、「サービス評価」がある。また、同様に中核的な「協働」のアドミニストレーション機能に含まれる実践要素として、「実施組織」、「参加・地域コミュニティ形成」「まちづくり」から構成される。これら中核的な5つのアドミニストレーション機能と、さらにその機能に含まれる11の実践要素からなる機能的枠組みについて、各機能と実践要素における主な先行研究を整理しつつ、その基本的な考え方について概説する。

　第1に、社会福祉研究における「権限」と「財源」に関するアドミニストレーション研究では、機関委任事務・措置行政に関する多くの社会福祉行政研究を、佐藤進が残しており、地域福祉研究の右田紀久恵との共編著もある（佐藤1980；佐藤・右田1982）。また、地方自治・行財政分野では、1980年代から1990年代以降の一連の地方分権改革をリードした西尾勝や大森彌、神野直彦等が地方分権一括法につながる地方自治・社会福祉行財政に関する研究を残している（西尾ら2002、大森ら1993；2000；2002、神野ら2011）。また、社会福祉研究者では山本隆が『福祉行財政論』を単著で刊行しているが（山本2002）、国と地方関係を中心とした地方分権化並びに福祉六法を対象とした社会福祉行政研究であり、地域主権化した市町村社会福祉行政における主体的かつ総合的な行政運営に関するアドミニ

ストレーションの枠組みを示す研究までは至ってはいないと言える。一方で、地方自治体の介護保険行財政運営の実証的な分析研究を積極的に展開しているのは横山純一である（横山2003；2012）。横山は、介護保険制度等における地方自治体の福祉行財政の問題に焦点をあて、NPOの課題や社会福祉協議会の経営実態、介護保険制度運営における人材確保の問題まで、地方自治体の問題に具体的な焦点をあて、実証的な分析を行っているアドミニストレーション研究である。介護保険財源の合理的な運営等の問題は、市町村社会福祉行政の財源のあり方と密接不可分な関係にある問題であり、市町村行政をめぐる大きな論点となる。しかしながら、社会福祉行財政論に関する研究では、地方自治体の「権限」や「財源」のあり方を含めた「市町村社会福祉行政のアドミニストレーション」研究の進展は、そのような財源を含めた実証的な枠組みに関する研究まで展開できていないのが現状である。

　第2に、社会福祉研究における「供給」に関するアドミニストレーション機能では、社会福祉研究における1970年代のコミュニティケアに関する理論研究がベースになる。また、1979年の全国社会福祉協議会から公刊された『在宅福祉サービスの戦略』並びに1980年代の一連の社会福祉改革が、国の社会福祉政策の展開として三浦を筆頭に推進される。1980年代の中頃から在宅福祉サービスを軸にした新しい社会福祉システムに関する政策構想が検討され、1990年の社会福祉関係八法改正を経て、市町村を基盤とした在宅福祉サービスの整備と地域福祉が推進されることになる。社会福祉研究における「供給」のアドミニストレーションは、日本の社会福祉政策の展開そのものである。三浦・大橋をはじめとする社会福祉政策研究と地域福祉研究が、高齢者福祉政策をリーディングプロジェクトに、政策・実践の成果からソーシャルアドミニストレーションは形成されてきたと言える。永山誠（2006）は、日本の社会福祉政策研究として、社会福祉の「価値理念」に着目し、1976年を契機とした日本型福祉社会論は、社会福祉政策の設計に「地域福祉」という政策的かつ戦略概念を埋め込み、その論理が日本の社会福祉政策の展開を形成したと説明している[9]。

　第3に、社会福祉研究における「運営」のアドミニストレーション機

図表０-２　市町村社会福祉行政におけるアドミニストレーションの機能と枠組み

機能及び枠組み	(1) 権限	(2) 財源	(3) 供給	(4) 運営			
				①計画	②行政組織の編成	③コミュニティソーシャルワーク	④サービス開発
主要論文	■佐藤進(1980)『社会福祉の法と行財政』 ■西尾勝・大森彌・神野直彦(1980~2010)『地方分権、地方自治、福祉行政』など。 ■松下圭一・西尾勝・新藤宗幸編(2002)『岩波講座自治体の構想３政策』 ■星野信也(2000)『「選別的普遍主義」の可能性』 ■大森彌編(2002)『地域福祉と自治体行政』 ■大森彌編(2000)『分権改革と地域福祉社会の形成』 ■金井利之(2010)『実践自治体行政学』 ■横川正平(2016)『地方分権と医療・福祉政策の変容』	■横山純一(2003)『高齢者福祉と地方自治体』 ■神野直彦・山本隆編(2011)『社会福祉行財政計画論』	■全国社会福祉協議会(1979)『在宅福祉サービスの戦略』 ■三浦文夫(1983)「社会福祉改革の戦略的課題―複合的福祉供給システムについて」 ■小林良二(1983)「福祉政策における公私問題」 ■三浦文夫(1985)『増補社会福祉政策研究―社会福祉経営論ノート』 ■大橋謙策(1987)「在宅福祉サービスの構成要件と供給方法」 ■平岡公一(2000)「社会サービスの多元化と市場化―その理論と政策をめぐる一考察―」 ■大橋謙策・白澤政和共編(2014)『地域包括ケアの実践と展望』 ■白澤政和(2015)「地域包括ケアシステムの確立に向けて」	■全国社会福祉協議会(1984)『地域福祉計画―理論と方法』 ■大橋謙策(1985)「地域福祉計画のパラダイム」 ■定藤丈弘・坂田周一・小林良二編(1996)『社会福祉計画』 ■大橋謙策(1996)「地域福祉計画策定の視点と実践」 ■大橋謙策・原田正樹『地域福祉計画と地域福祉実践』 ■武川正吾(2005)『地域福祉計画』 ■牧里毎治・野口定久(2007)『協働と参加の地域福祉計画』	■三浦文夫(1971)『福祉センター構想』 ■大橋謙策(1978)「施設の社会化と福祉実践―老人福祉施設を中心に―」 ■大橋謙策(1986)『地域福祉の展開と福祉教育』 ■大橋謙策(1996)「市町村児童福祉行政のパラダイム転換と子ども家庭支援センター構想」 ■大橋謙策(2007)「市町村社会福祉行政と地域福祉～福祉事務所の位置～」	■大橋謙策(1996)「地域福祉計画策定の視点と実践～狛江市・あいとぴあへの挑戦～」 ■渡邉洋一(2000)『コミュニティケア研究』 ■大橋謙策(2001)『福祉計画と地域福祉実践』 ■大橋謙策(2002)「地域福祉計画とコミュニティソーシャルワーク」 ■大橋謙策(2005)「コミュニティソーシャルワークの機能と必要性」 ■上野谷加代子(2015)「福祉ガバナンスとソーシャルワーク研究の意義と到達点」および「小地域福祉ガバナンスと専門職」『福祉ガバナンスとソーシャルワーク』 ■大橋謙策(2016)「地域包括ケアの実践と展望」	■全国社会福祉協議会(1979)『在宅福祉サービスの戦略』 ■三浦文夫(1985)『社会福祉経営論』 ■白澤政和(2015)「地域包括ケアシステムの確立に向けて」 ■大橋謙策(2016)『ニーズ対応型福祉サービスの開発と起業化』 ■髙山由美子(2016)「ソーシャルワーク実践としての「地域ケア会議」：その意義と活用の視点」

				(5) 協働		
⑤実践システム	⑥権利擁護	⑦研修システム	⑧サービス評価	⑨実践組織	⑩参加・コミュニティ形成	⑪まちづくり
■大橋謙策(1996)「市町村児童福祉行政のパラダイム転換と子ども家庭支援センター構想」 ■土橋・大橋・鎌田・ほか(2003)『福祉21ビーナスプランの挑戦』 ■全国社会福祉協議会(2008)『地域における「新たな支え合い」を求めて』	■平岡公一(2004)「社会サービスの市場化をめぐる若干の論点」	■大橋謙策(1986)「社会福祉教育の構造と課題」『社会福祉の現代的展開』 ■大橋謙策(2000)「社会福祉基礎構造改革と人材養成の課題」	■大島厳(2012)「制度・施策評価の課題と展望」 ■大島厳(2015)「ソーシャルワークにおける『プログラム開発と評価』の意義・可能性、その方法」	■平岡公一(2004)「福祉多元化とNPO」 ■村田文世(2009)『福祉多元化における障害当事者組織と「委託関係」』 ■神野直彦・牧里毎治編著(2012)『社会起業入門』 ■山本隆編(2014)『社会企業論―もうひとつの経済―』 ■牧里毎治監修(2015)『これからの社会的企業に求められるものは何か』 ■大橋謙策(2016)『ニーズ対応型福祉サービスの開発と起業化』	■地方自治における民主的手続きの確保(西尾) ■大橋謙策(1976)「施設の社会化と福祉実践―老人福祉施設を中心に―」 ■大橋謙策(1981)「高度成長と地域福祉問題―地域福祉の主体形成と住民参加―」 ■全国社会福祉協議会(2008)『地域における「新たな支え合い」を求めて:住民と行政の協働による新しい福祉:これからの地域福祉のあり方に関する研究会報告』 ■大橋兼策編(2014)『ケアとコミュニティ』	■大橋謙策(1996)「まちづくりと地域福祉実践」 ■大橋謙策(1999)「住民参加による福祉のまちづくり―地方分権化における地域福祉の推進」 ■上野谷加代子(2006)「福祉コミュニティの創造に向けて」『松江市の地域福祉計画』 ■大橋謙策(2007)『茅野市ビーナスプラン』

能は、1980 年代から 1990 年代以降の「地域福祉のアドミニストレーション」の枠組みに求めることができる。その枠組みは、財政フレームにもとづきかつ参加を踏まえて策定される地域福祉計画を地域福祉実践を通して運用するものであり、その主眼は市町村における社会福祉サービス運営の統合化・システム化にあったということができる。本研究では、「運営」のアドミニストレーションを構成する実践要素として 8 項目あげている。「市町村社会福祉行政のアドミニストレーション」の枠組みとして考えれば、実践要素の 8 項目を総合的に推進することが重要である。いわゆる「社会計画」全般に言えることだが、地域福祉計画においても、市町村社会福祉行政において「総合性」をいかに「運営」レベルのアドミニストレーション機能で実現できるかが「市町村社会福祉行政のアドミニストレーション」の視点と枠組みを考える上でも重要である。

　第 4 に、「協働」のアドミニストレーション機能については、3 つの実践要素から構成される。今後の地方自治の発展を考えるうえでも、いわゆる行政と地域住民とのパートナーシップをどう構築するか、そのための政策形成及び計画策定に民主主義的プロセスをどう構築するか、そのために「参加」をどう位置づけるか、第 3 の分権を財源の移譲も含めてどう行っていくかが課題になる。この極めて創造的なプロセスが求められる自治の実践は、新たな実践も産出される可能性もあるアドミニストレーション機能と実践領域と言え、これまでのボランティア論に加えて、「実施組織」については、協同組合や社会的企業[10]など新たな公共に関する領域をどう形成するかの検討が求められる大きな研究領域になる。また、参加・地域コミュニティ形成の論議は、旧くて新しい論議である。多様な行政運営過程やサービス対する「住民参加」を考えても、住民自治と主体形成を図る、ユーザーデモクラシー等がある。大橋は、ニーズを起点にした福祉サービスの開発と社会起業化に関する研究を進めており報告書になっている（大橋 2016；2018）。

第2節

研究課題及び研究方法

　本研究では、日本のソーシャルアドミニストレーション研究の学説史の検討を通して、社会福祉政策から地域福祉への政策展開のなかで、ソーシャルアドミニストレーションがどう位置づけられ、どう発展してきたか、その到達点と課題を明らかにする。その上で、地域主権化、規制緩和時代に求められる「市町村社会福祉行政のアドミニストレーション」に関する機能と枠組みを明らかにしていく。以下では、主たる研究課題を5つにわけ、その研究方法について概説していく。

　第1に、日本の社会福祉研究におけるソーシャルアドミニストレーション研究の学説史の検討を行い、主要な論説におけるソーシャルアドミニストレーション研究の焦点と課題について明らかにする。そのなかでも、三浦と大橋の社会福祉研究にフォーカスをあて、両者の研究に位置づけられるソーシャルアドミニストレーション概念と研究課題並びに実践の論理構造について明らかにする。そのうえで、三浦理論・大橋理論の検討から「ソーシャルアドミニストレーションの日本的展開」を素描し、両者の社会福祉政策・実践の体系化並びに理論的枠組みの構築にむけた基礎的な検討を行う。

　第2に、三浦理論・大橋理論の体系化と理論的枠組みが政策・実践を社会福祉学研究として捉える1つの有力な視座となるという仮説を検証するために、社会学と福祉社会学の論説並びに社会福祉研究の学論的な議論を整理し、ソーシャルアドミニストレーション研究の構造を明らかにする。三浦の社会福祉政策研究に対する副田義也の批判的論説を手がかりに、福祉社会学研究と社会福祉政策研究の関係を繙き、ソーシャルアドミニストレーション研究の構造について検討する。また、三浦の学問的出自である社会学と、その源流に位置する福武直の研究方法に関する問題意識について検討し、三浦のソーシャルアドミニストレーション研究の背景と特徴に検討を加える。さらに、ソーシャルワークと社会学の相互補完的な役割

に焦点をあてたマッキーバーの論説をとりあげ、ソーシャルアドミニストレーション研究の基本的枠組みに関する論議を整理する。以上を踏まえ、2003年に大橋が問題提起した日本学術会議の論議をもとに、今後のソーシャルアドミニストレーション研究と社会福祉学研究のあり方に向けた問題提起を行いたい。

第3に、地方自治体の法外援護や総合計画から地方自治体のアドミニストレーションの実践をふり返りつつ「市町村社会福祉行政のアドミニストレーション」の枠組みに関する検討を進めていく。そのなかでも、主として、大橋の地域福祉論に位置づけられるソーシャルアドミニストレーション機能を検討し地域福祉計画並びにコミュニティソーシャルワークの枠組みに位置づけられソーシャルアドミニストレーション機能に関する検討を行う。そのうえで、「地域福祉のアドミニストレーション」研究の到達点と課題について明らかにする。

第4に、地方分権一括法を契機とした自治の拡大に伴い、「市町村社会福祉行政のアドミニストレーション」の役割は拡大している状況を踏まえて、新たな地域包括支援体制の構築と運営に求められる課題について分析・検討する。その課題として、地域自立生活支援を理念とした包括的な支援体制の構築にコミュニティソーシャルワーク機能をいかに位置づけるか、またその基盤づくりを含めた課題がシステム化・政策化の次元までを総合的に推進する枠組みづくりにあることを指摘し、そのなかで、大きな役割を担う「市町村社会福祉行政のアドミニストレーション」に関する機能と枠組みに関する理論仮説について提起する。

第5に、地域共生社会時代に求められる「市町村社会福祉行政のアドミニストレーション」の機能的枠組みについて、「『我が事・丸ごと』地域共生社会実現」政策の政策動向をもとに実証的課題を析出し、理論課題を明らかにする。特に、地域包括ケアシステムの整備をめぐって増加する市場型サービスをどう規制し、どう利用者利益に資するサービスの質を確保するか、また福祉ガバナンスの問題としてソーシャルワークを起点にした問題解決とソーシャルサポートネットワークの形成を通した地域コミュニティづくりまでの実践を推進する枠組みづくりについては、その理論化・

実証化が課題となることを指摘する。これまでの地域福祉の論議に、ソーシャルエンタープライズ等の論議を加えながら、まちづくりや地域経済を活性化させることも政策的な目的に含めた総合的な行政のあり方と課題について述べる。

　終章では、「市町村社会福祉行政のアドミニストレーション」における大きな2つの課題に着目しながら、地域包括ケア政策が描く市町村を単位とするケア資源の供給システムと、個別問題と相談支援体制の構築による問題解決に対して、社会福祉学研究はいかなる方法論や理論的枠組みにより、個別支援から地域コミュニティづくりまでを含めた総合的に問題解決の枠組みを研究として提示できるのか、「市町村社会福祉行政のアドミニストレーション」の枠組みづくりに向けた研究課題について検討を進めていく。

第3節

基本用語の定義

　本研究では、第1に「ソーシャルアドミニストレーション」と「市町村社会福祉行政のアドミニストレーション」を併用する。「ソーシャルアドミニストレーション」は、三浦の翻訳に依拠し、国レベルの社会福祉行政による「社会福祉管理」を用いる（ティトマス＝三浦ら訳 1971：338 - 339）。また、「市町村社会福祉行政のアドミニストレーション」は、法制度を最大限に活用しながら、創造的かつ政策科学的な政策運営を行う行政機能を指す。具体的には、市町村社会福祉行政の政策運営（マネジメント含む）を行う枠組みのことを指す5つの機能と、11の実践要素からなる概念として用いる。例えば、その1つである「権限」のアドミニストレーション機能では、地方分権一括法にもとづく市町村の社会福祉行政に関する権限の拡大をもとに、立法解釈を通して地域の実情を踏まえた条例化など政策実現に向けた政策法務を行う行政のことを指す。また、「財源」に

ついても、政策運営を合理的にマネジメントするという視点と考え方にもとづき事業の相乗効果を最大限に引き出す行政のことを指す。なお、単に「市町村社会福祉行政」という場合については、国の法制度並びに政省令にもとづいた市町村レベルの社会福祉行政の執行を指す。同様に単に「アドミニストレーション」という場合は、基本的には市町村社会福祉行政の「権限」や「財源」並びに「供給」などの特定した政策運営機能を指す概念として用いるが、「政策横断的なマネジメント」を含意した上位概念として用いる。また、第3章で詳しく述べるが、「地域福祉のアドミニストレーション」については、大橋の地域福祉論を構成する地域福祉計画とコミュニティソーシャルワークに加えて市町村社会福祉行政機能が複合化した概念を指すことにする。

　本研究で用いる「ソーシャルアドミニストレーション」概念は、三浦を中心とするソーシャルアドミニストレーション研究に依拠して、日本の社会福祉実定法に限定した社会福祉サービス研究と、それを供給する機関・組織に関する研究という基本的な理解に立つ。周知のようにイギリスの社会政策・社会サービスは、所得・医療・教育・住居・雇用・福祉を包含し発展してきた概念である。また、ティトマスは、ソーシャルアドミニストレーションを「目的（目標）」に対する「方法」としながら、「有効性」と「利用者利益」という視点を提起した。前者が制度目的の達成程度、後者は「捉えにくい人々をいかに把握するか」という意味で用いられている。本稿では、この2つの視点をとりわけ重要なアドミニストレーションの分析視座として用いていく。

　第2に、「ソーシャルワーク」と「コミュニティソーシャルワーク」について、一般的な社会福祉援助技術で用いられる対面的な相談援助技術としてのケースワークをソーシャルワークとして使用している。また、地域福祉研究において、主としてコミュニティワーク及びコミュニティオーガニゼーションという学術的な文脈を有している地域福祉実践の技術体系の発展的な理論として、コミュニティソーシャルワークを使用している[11]。

　第4に、「地域主権化」については、地方分権化の進展をさす言葉として用いるが、主として2000年の地方分権一括法並びに三位一体改革まで

図表0-3　日本におけるソーシャルアドミニストレーションを中心とする
　　　　 関係概念の整理

	英国	日本	研究者	領域志向性・発展形態
1	Social policy	社会政策（政策社会学・福祉社会学含む）	武川正吾・平岡公一	英米のソーシャルポリシーをベースにした社会政策学への発展
2	Social administration	社会福祉政策・社会福祉行政	三浦文夫・星野信也	英米の社会政策をベースにした日本型の社会福祉政策への発展
3	Social policy and social work	社会福祉学	大橋謙策・白澤政和	英米のコミュニティケアをベースにしたソーシャルワークを軸にした社会福祉学への発展

を「地方分権化」の範囲として捉えることにする。それ以降2011年の「地域の自主性及び自立性を高めるための改革の推進を図るための関係法律の整備に関する法律」の成立以降、主として第1次地方分権一括法から第3次地方分権一括法の改革内容について、市町村社会福祉行政に社会福祉法人の許認可権限等の大幅な実施権限が移行された状況等を指す概念として「地域主権化」を使用する。

　なお、英米のソーシャルポリシー、ソーシャルアドミニストレーションなどの概念に関する日本の研究領域への適用については、本研究を進める上では、社会政策学、社会福祉政策、社会福祉学に分けて用いることにする【図表0-3】。

注

1）例えば、三浦文夫がいる（三浦1971）。小田兼三（小田1993）や岡田藤太郎（岡田1995；1998）は、多くのイギリスの社会福祉政策に関連する翻訳研究を行っている。あるいは、山本隆もイギリスの社会福祉政策に関する動向を紹介する翻訳を数多く手がけている（山本ら1993；1995）。

2）なお、星野は同論文中においては、ソーシャルアドミニストレーションを「社会福祉行政学」という訳を用いている（星野1986）。

3）坂田は、三浦に師事し社会福祉政策の資源配分に関する研究成果を残している。その問題意識を社会福祉政策の体系的かつベーシックな理論書として刊行している（坂田 2000）。

4）なお、吉原の関心はイギリスのソーシャルアドミニストレーションにあった。その後は地方自治体のアドミニストレーション研究にも着手し、2000 年の社会福祉基礎構造改革等に関する論説もあるが（吉原 1999）、その後イギリスのソーシャルアドミニストレーション研究に関する研究の展開は管見の限りでは皆無である。吉原は右田の自治型地域福祉への書評でも書いているように、右田理論の影響を多分に受けていることが伺える（吉原 2003）。

5）平岡は、社会福祉政策とソーシャルワークを理論的範囲に設定した社会福祉学のベーシックな編著の研究書・テキストとして公刊しているが、地域福祉やコミュニティソーシャルワークの枠組み並びに研究動向については言及していない。

6）平岡は 2011 年に『社会福祉学 Social Welfare Studies: Social Policy and Social Work』の共編著を公刊している。その英語タイトル並びに構成を見る限り、ソーシャルポリシーからソーシャルワークを社会福祉学の枠組みと考えていることが伺える。また同著で杉野昭博は、制度研究と援助研究の再統合の視座を仮説的に述べている。とりわけ、戦前の社会事業に習いソーシャルワークを社会的ベンチャー活動として捉え、援助実践が事業機関の運営を通じて、自治体や国による補助や制度化へと結びつく過程を、ミクロからマクロへのベクトルを「政策実践の過程」と捉えている。また、従来の制度運用によるマクロからミクロを「政策過程」として理解する枠組みを「臨床化と制度化の弁証法」の概念にまとめている（杉野 2011：17）。この杉野の援助実践から制度化へのベクトルの視座は、本研究のソーシャルワークを軸とする地域コミュニティ形成並びにサービス開発という実践から政策へのベクトルを重視しようとする考え方と符合する。

7）三浦は、同著でソーシャルアドミニストレーションを「社会福祉行政」ではなく、「社会福祉管理」と訳している。三浦の言わんとするところは、ティトマスの意図するソーシャルアドミニストレーションは、わが国の研究状況における法制的説明や社会福祉施設の運営論に収斂されるものではないことを示唆していると考える。

8）ソーシャルアドミニストレーションを主題にする基本的な先行研究は、英米研究に主眼がおかれているものが多い。その筆頭は星野であり、本研究の前提となるイギリスのソーシャルアドミニストレーション理論の基本的理解は星野に依拠している（星野 1977a；1977b；1977c；1986）。社会政策系としては、大山博（大山 1991；1992）、金子充（金子 1995）があるが、いずれもイギリスのソーシャルアドミニストレーションに関する研究であり、日本の社会福祉政策に本格的な焦点をあてた研究ではない。その意味では、ソーシャルアドミニストレーションの理論的な研究はごく限定されているのが現状である。他方、日本のソーシャルアドミニストレーション研究に位置づけられる研究としては、重田、高沢、三浦があるが、社会福祉研究におけるソーシャルアドミニストレーション研究としての本格的な検討はなされていない。例えば、星野や吉原の論説にも日本のソーシャルアドミニストレーション研究として重田や高沢や三浦を取り上げているものの、本格的な検討は行われていない。

9）三浦は『社会福祉研究』の随想で、1980年代の一連の社会福祉改革を戦後社会福祉からの脱皮として、自治体の施策を通して新たな社会福祉への展開を実践的に進めたことについて述懐している。この一連の社会福祉政策展開を主題にした研究として永山誠（1993）をあげている（三浦2003：71）。

10）社会福祉研究において、社会的企業並びに社会起業に関する研究は今後の研究課題と言えるが、神野直彦・牧里毎治（2012）や山本隆がある（山本ら2014）。

11）コミュニティソーシャルワーク理論化については、日本地域福祉研究所監修／中島修・菱沼幹男共編（2015）『コミュニティソーシャルワークの理論と実践』がある。同著は、コミュニティソーシャルワーク理論化の到達点と言える。

引用文献

R. M. ティトマス（三浦文夫訳）（1971）『社会福祉と社会保障――新しい福祉をめざして――』社会保障研究所。
アラン・ウォーカー（青木郁夫・山本隆訳）（1995）『ソーシャルプランニング――福祉改革の代替戦略――』光生館。
ノーマン・ジョンソン（青木郁夫・山本隆訳）（1993）『福祉国家のゆくえ――福祉多元主義の諸問題――』法律文化社。
大橋謙策（1995）『地域福祉』放送大学教育振興会。
大橋謙策編著（2014）『ケアとコミュニティ』ミネルヴァ書房。
大森彌・村川浩一編（1993）『長寿社会総合講座[3] 保健福祉計画とまちづくり』第一法規出版。
大森彌編（2000）『分権改革と地域福祉社会の形成』ぎょうせい。
大森彌編（2002）『地域福祉と自治体行政』ぎょうせい。
大山博・武川正吾編（1991）『社会政策と社会行政』法律文化社。
大山博（1991）「イギリスにおける社会政策・社会行政論研究の展開（1）」『社会労働研究』38（1）、177-206。
大山博（1992）「イギリスにおける社会政策・社会行政論研究の展開（2）福祉国家の危機後の展開」『社会労働研究』39（1）、86-134。
岡田藤太郎（1995）『社会福祉学一般理論の系譜――英国のモデルに学ぶ――』相川書房。
岡田藤太郎（1998）『社会福祉学汎論――ソーシャル・ポリシーとソーシャルワーク』相川書房。
小笠原浩一・平野方紹（2004）『社会福祉政策研究の課題――三浦理論の検証』中央法規出版。
岡村重夫（1956）『社会福祉学』柴田書店。
小倉襄二（1981）「社会福祉協議会の位置と思想」『社会福祉研究』（26）、59-64。
小田兼三（1993）『現代イギリス社会福祉研究』川島書店。
金子充（1995）「ソーシャル・アドミニストレーションの潮流と展望」社会福祉学（19）、27-74。

京極髙宣・小林良二・高橋紘士・和田敏明（1988）『福祉政策学の構築──三浦文夫氏との対論』全国社会福祉協議会。
黒木利克（1958）『日本社会事業現代化論』全国社会福祉協議会。
坂田周一（1982）「研究の課題と展望」三浦文夫ほか編著『講座社会福祉3　社会福祉の政策』有斐閣、280‐296。
坂田周一（2000）『社会福祉政策』有斐閣アルマ。
佐藤進（1980）『社会福祉の法と行財政』勁草書房。
佐藤進・右田紀久惠編（1982）『講座社会福祉6　社会福祉の法と行財政』有斐閣。
社本修（1978）「T. S. サイミーのソーシャル・アドミニストレーション論」『季刊社会保障研究』14（3）、58‐66。
神野直彦・山本隆編（2011）『社会福祉行財政計画論』法律文化社。
神野直彦・牧里毎治編（2012）『社会起業入門──社会を変えるという仕事──』ミネルヴァ書房。
全国社会福祉協議会（1979）『在宅福祉サービスの戦略』。
損保ジャパン日本興亜福祉財団（2016）「ニーズ対応型福祉サービスの開発と起業化」『福祉マネジメント研究会（座長：大橋謙策）』報告書 No. 88。
損保ジャパン日本興亜福祉財団（2018）「ニーズ対応型福祉サービスの開発と起業化──ケーススタディ方式によるアクティブラーニング教材──」『福祉マネジメント研究会（座長：大橋謙策）』報告書 No. 91。
髙橋紘士編（2012）『地域包括ケアシステム』オーム社。
武川正吾（1985）「労働経済から社会政策へ──社会政策論の再生のために──」社会保障研究所編『福祉政策の基本問題』東京大学出版会、3‐32。
栃本一三郎（2002）「地域（コミューナル）社会政策＝対抗的社会政策の構想──既存福祉パラダイムと『地域福祉』からの脱皮」『月刊自治研』44（513）、43‐55。
中島修・菱沼幹男共編（2015）『コミュニティソーシャルワークの理論と実践』中央法規。
永山誠（1993）『戦後社会福祉の転換』労働旬報社。
永山誠（2006）『社会福祉理念の研究──史的政策分析による21世紀タイプの究明』ドメス出版。
平岡公一・杉野昭博・所道彦・鎮目真人（2011）『社会福祉学』有斐閣。
星野信也（1977a）「ソーシャル・アドミニストレーション序説（その一）」『月刊福祉』60、60‐65。
星野信也（1977b）「ソーシャル・アドミニストレーション序説（その二）」『月刊福祉』60、58‐64。
星野信也（1977c）「ソーシャル・アドミニストレーション序説（その三）」『月刊福祉』60、70‐75。
星野信也（1986）「ソーシャルアドミニストレーションの発展と現状」日本行政学会編『アドミニストレーション──その学際的研究──』ぎょうせい、63‐98。
星野信也（2000）『「選別的普遍主義」の可能性』海声社。
松下圭一・西尾勝・新藤宗幸編（2002）『岩波講座　自治体の構想3　政策』岩波書店。
三浦文夫（1995）『〈増補改訂〉社会福祉政策研究──福祉政策と福祉改革──』全国社会福祉協議会。

三浦文夫（2003）「社会福祉政策研究と実践」『社会福祉研究』第 87 号、66‐74。
三浦文夫・右田紀久恵・大橋謙策（2003）『地域福祉の源流と創造』中央法規出版。
山本隆編（2014）『社会企業論――もうひとつの経済――』法律文化社。
横山純一（2003）『高齢者福祉と地方自治体』同文舘出版。
横山純一（2012）『地方自治体と高齢者福祉・教育福祉の政策課題：日本とフィンランド』同文舘出版。
吉原雅昭（1995）「英米における social policy and administration 研究の系譜と論理構造に関する一考察（その 1）」『社会問題研究』、45（1）、49‐90。
吉原雅昭（1996）「英米における social policy and administration 研究の系譜と論理構造に関する一考察（その 2・完）」『社会問題研究』、45（2）、163‐217。
吉原雅昭（1999）「社会福祉基礎構造改革とその形成過程に関する批判的考察――日本の社会福祉の基礎構造とは何か、それはかわるのか――」『社会問題研究』第 49 巻第 1 号、21‐43。
吉原雅昭（2003）「ローカル・イニシアティブの可能性――発展し続ける右田地域福祉理論に何を付け加えることができるか」『社会問題研究』第 52 巻第 2 号、143‐174。

第 1 章

ソーシャルアドミニストレーション研究の学説史的検討

日本のソーシャルアドミニストレーション研究は、学説史的には1980年代から本格化する三浦文夫を中心とする「社会福祉経営論」を起点に社会福祉政策理論の研究と地方自治体を基盤にした地域福祉研究への展開として発展してきた。わが国のソーシャルアドミニストレーション研究の展開を概観すると、政策理論志向の「社会政策・社会福祉政策論」と実践志向の「社会福祉・地域福祉論」が大きく2つの軸としてあり、その体系化は社会福祉研究の課題になっている。

　本章では、日本の社会福祉研究におけるソーシャルアドミニストレーション研究に関する学説史的な検討を行い、政策ニーズの変化に応じてソーシャルアドミニストレーション課題が国レベルの政策運営から市町村地方自治体レベルに移行していることを明らかにする。

第1節

社会福祉研究における
ソーシャルアドミニストレーション研究の学説史

1　ソーシャルアドミニストレーション研究の学説史の分析枠組み

　社会福祉研究におけるソーシャルアドミニストレーション研究では、重田信一、高沢武司、三浦文夫、星野信也、右田紀久恵、大橋謙策に関する主な論説を対象とする。

　本研究の大きな関心の1つは、日本の社会福祉政策の形成と地域福祉への展開が、ソーシャルアドミニストレーションに関する課題並びに機能をどう位置づけ発展してきたかにある。したがって、両分野で多くの政策化を主導し、いまなお社会福祉研究への影響力をもつ三浦の社会福祉政策研究と、大橋の地域福祉研究に焦点をあて検討を行う。三浦以前のソーシャルアドミニストレーション研究については、先行研究に依拠しつつ[1]、日本の社会福祉研究における社会福祉運営を主題にもつ研究として重田と高

図表1-1　ソーシャルアドミニストレーション研究の学説史の分析枠組み

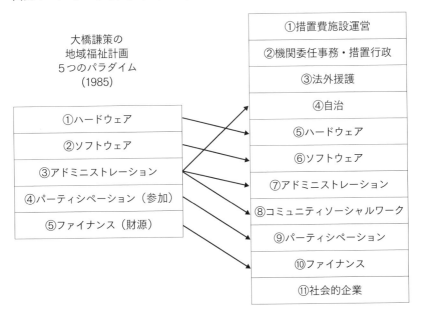

沢を位置づけた。また、三浦以降のソーシャルアドミニストレーション研究では、ソーシャルアドミニストレーションを研究主題として積極的に位置づけていること、かつその後の社会福祉運営に関する研究に影響力を保持していること、これらの理由から星野、右田、大橋を位置づけた。

ソーシャルアドミニストレーション研究の学説史の検討にあたっては、その分析枠組みとして、大橋の地域福祉計画の枠組み（大橋1985：1-11）を再構成して用いる【図表1-1】。

大橋の地域福祉計画の枠組みを構成する5項目は、①ハードウェア、②ソフトウェア、③アドミニストレーション、④パーティシペーション、⑤ファイナンスに分節化されている枠組みである。その大橋の枠組みに、地方自治体の福祉政策に大きな変化をもたらしている「地域主権化」、「福祉・介護サービスの市場化」、「コミュニティソーシャルワークとまちづくり」という2000年以降の社会福祉政策を取り巻く情勢を踏まえ再構成し

た。具体的には、大橋の地域福祉計画の枠組みに位置づけられる「アドミニストレーション」を、「④自治」、「⑦アドミニストレーション」、「⑧コミュニティソーシャルワーク」という3つの項目に分節化した。「④自治」については、地域分権が大幅に進展し、地方政府として自律的な地方自治体の運営が求められており、市町村社会福祉行政の運営に大きな影響を与える要因になっている。そのような現状を踏まえて、市町村社会福祉行政の自律的な運営を捉える分析項目として「自治」を設定した。「⑦アドミニストレーション」は、市町村を基盤とした全世代型地域包括支援体制の構築と運営が政策課題となるなか、保健・医療・福祉・介護・住居・生活支援サービス等の整備とソーシャルワーク機能を統合化することに向けて市町村社会福祉行政のあり方と関与が課題となる。「⑧コミュニティソーシャルワーク」は、1990年からの地域福祉実践に関する研究の大幅な進展もあり、2000年の社会福祉法の改称・改正により、市町村の地域福祉推進を図る上で不可欠な方法論となっている。特に、全世代型地域包括支援体制の運営をめぐっては、多問題家族、8050問題等のバルネラビリティに起因する問題が顕在化し、包括的なアプローチの入り口となるソーシャルワークのシステム化が自治体の福祉政策の課題になっていると言っても過言ではない。そのような現状を鑑みると、要援護者のニーズにどうアプローチするか、また個別支援ニーズからサービス開発並びに政策化に向けたプロセスを媒介するためのコミュニティソーシャルワーク機能は重要である。

　第2に、「⑪社会的企業」を追加の項目として設定した。1998年に施行された特定非営利活動促進法でNPOが担う地域社会における役割は多岐にわたる。2011年に発生した東日本大震災からの復興では、多様なコミュニティビジネスも生成されており、地域コミュニティづくりに大きな役割を果たしている。このような活躍を見せるNPOは、今後はその事業性により社会問題を解決する社会的企業としての機能を強化していくことも、これから市町村社会福祉行政を考える上では大きな政策課題となっている。地方自治体の政策形成に関与する実力をもつ社会的企業が、今後の地域コミュニティづくりの実施組織を考える上で不可欠な論議になっていること

を踏まえて、新たな項目として設定した[2]。

　以上、大橋の「地域福祉計画の枠組み」をベースに、「自治」、「コミュニティソーシャルワーク」、「社会的企業」という独自の新規項目を3つ加えて、日本の社会福祉研究におけるソーシャルアドミニストレーション研究の学説史を分析する枠組みとした。

2　ソーシャルアドミニストレーション研究の学説史の検討

　日本の社会福祉研究におけるソーシャルアドミニストレーション研究を学説史的に区分すると、①措置費施設運営（重田）、②機関委任事務・措置行政運営のアドミニストレーション研究（高沢）、③社会福祉政策の運営管理のソーシャルアドミニストレーション研究（三浦・星野）、④地域福祉・コミュニティソーシャルワークのソーシャルアドミニストレーション研究（大橋・右田）の4つに区分することができる【図表1－2】。

　日本の社会福祉研究における最初の体系的なアドミニストレーション研究は、重田（1971）が、アメリカのテーラー経営論における組織科学をベースにした「社会事業施設管理」に関する「アドミニストレーション」研究を体系的にまとめている。重田の研究は、①社会福祉アドミニストレーション組織の分析とその改善策、②社会福祉アドミニストレーションを促進するための条件整備、③社会福祉アドミニストレーションの運営過程に関する分析とその改善策となっている。その特徴をあげれば、社会福祉活動の単位となる機関・団体の運営効果を高める組織の内部構造に着目した組織管理と運営を中心にした「措置費施設運営」を主題としたアドミニストレーション研究である。

　高沢（1976）は、組織管理と運営に主眼をおく先行研究を批判的に検証したうえで、国家による「機関委任事務体制・措置行政による『社会事業管理』」の運営過程（総過程）に関する構造的な問題を多岐にわたり批判的に検討した。三浦以前のソーシャルアドミニストレーション研究は、「措置費施設運営」と国家による「機関委任事務体制・措置行政」の社会事業管理の運営全般に通底する構造問題を分析したソーシャルアドミニス

図表1-2　日本におけるソーシャルアドミニストレーション研究の学説史の俯瞰図

	重田信一 （措置費施設運営）	高沢武司 （機関委任事務体制・措置行政）	三浦文夫 （社会福祉政策）
①措置費施設運営	○『アドミニストレーション』1971	○『社会福祉の管理構造』1977	○「1960年代の社会福祉」『季刊社会保障研究』5(4) 1970
②機関委任事務・措置行政		○『社会福祉のマクロとミクロ』1985	○「社会福祉行政における施設サービスと居宅サービス」『ジュリスト臨時増刊』(537), 1973
③法外援護			○「法外施設としての有料老人ホームをめぐる若干の課題」『社会福祉研究』(28) 1981
④自治			○「社会福祉の分権化と地域福祉」『社会福祉政策研究』1993
⑤ハードウェア（在宅福祉・施設福祉の整備計画）			○「社会福祉と計画」『期間社会保障』1973 ○『在宅福祉サービスの戦略』1979
⑥ソフト・ウェア（サービス事業・制度計画）			○「社会福祉における在宅サービスの若干の課題」『社会福祉研究』(24) 1979
⑦アドミニストレーション			○「多元的福祉サービス供給システム論」『社会福祉政策研究』1985
⑧コミュニティソーシャルワーク			
⑨パーティシペーション（住民参加）			
⑩ファイナンス（財源）			
⑪社会的企業（ソーシャルエンタープライズ）			

星野信也 （地方自治体・ 社会福祉行政）	右田紀久惠 （自治型地域福祉）	大橋謙策 （地域福祉・コミュニティ ソーシャルワーク）
○「革新自治体の福祉政策再考」1979 ○「福祉政策をめぐる国と自治体」『都市問題』74(1)1983	○「社会福祉行政における委託と契約の課題」『季刊社会保障研究』19(3)1983	○「社会福祉行政再編成の課題」『地域福祉の展開と福祉教育』1986
○「福祉政策をめぐる国と自治体」『都市問題』1983 ○「社会福祉の地方分権化」『社会保障研究』1988	○「自治体の行財政と地域福祉」『現代の地域福祉』1973	○「施設の性格と施設計画」『社会福祉を学ぶ』1976
○「福祉施設体系の再編成と課題」『社会福祉研究』1982	○「地域福祉運営における公私関係」『地域福祉講座② 福祉組織の運営と課題』1986	○「在宅福祉サービスの組織化」『地域福祉の展開と福祉教育』1986
○「個別福祉サービスの地方分権化」『人文学法(211)』1989	○「分権化時代と地域福祉――地域福祉の規定要件をめぐって」『自治型地域福祉の展開』1993	○「地域福祉計画のパラダイム転換」『社会福祉研究』1985 ○「コミュニティソーシャルワークと地域福祉計画」『地域福祉研究』2002
○「サービス供給体制の改革―地方分権と現金給付化」『選別的普遍主義』2000	○『自治型地域福祉の展開』1993 ○『自治型地域福祉の理論』2005	○「市町村社会福祉行政と地域福祉〜福祉事務所の位置〜」『生活と福祉(616)』2007
		○「わが国におけるソーシャルワークの理論化を求めて」『ソーシャルワーク研究』31(1) ○「コミュニティソーシャルワークの機能と必要性」『地域福祉研究』(33)
		○『福祉21ビーナスプランの挑戦』2003
		○『地域福祉計画と地域福祉実践』2001
		○「ソーシャルファーム」『コミュニティソーシャルワーク』2013

トレーション研究であった。日本の社会福祉研究におけるソーシャルアドミニストレーションでは、重田による「措置費施設運営管理」と、高沢による「機関委任事務体制・措置行政・社会事業運営管理」は、社会福祉事業の管理運営を多岐にわたり検討したソーシャルアドミニストレーション研究である。その意味では、1980年から本格化する三浦の社会福祉政策研究の展開以前では、最も体系化されたソーシャルアドミニストレーション研究であったと位置づけられよう。

その後、ソーシャルアドミニストレーション研究は、学説的には戦後社会福祉体制の改革を牽引した三浦による『社会福祉経営論』が大きな影響力をもつことになる。

その柱は、1970年前後のコミュニティケアに関する一連の論考であり、1980年代の在宅福祉サービスの整備を主たる政策課題とする展開は、社会福祉サービス供給組織論がその理論基盤になった。三浦の社会福祉経営論がソーシャルアドミニストレーション研究とされる所以は、限りなくイギリスのティトマス学派の特徴として指摘される特定課題志向や改革志向、議論分野限定等の特徴を兼備えているからに他ならない（星野1986：75）。例えば、三浦は、国レベルの社会福祉政策を検討する場合、東京都を実証的フィールドとして、社会福祉サービスの開発を行っている。三浦のソーシャルアドミニストレーションは、その実証化のプロセスに特徴があると言えよう[3]。その一里塚は、1990年の社会福祉関係八法改正ということになろう。当時、三浦が社会保障研究所に所属し国の政策に深く関与する立場にあったということを差し引いても、国の社会福祉政策に大きな影響を与えた三浦のソーシャルアドミニストレーション研究は、これまでの社会福祉政策研究に比して実証的かつ政策科学志向をもつ新たな社会福祉政策論であった。日本の社会福祉研究では、イギリスの社会福祉政策の動向を取り上げた社会政策及び社会福祉政策研究は多数あるが[4]、日本の社会福祉政策における法制化の過程から政策運営までに実証的・実践的に関与した社会福祉政策研究は他に類をみない。

他方、イギリスのロンドン政治経済大学（London School of Economics & political science：LSE）にてソーシャルアドミニストレーション研究を

学び、日本の社会福祉政策に対して実証的・批判的な論説を展開したのは星野である[5]。

　星野は、LSE のティトマス学派のソーシャルアドミニストレーション研究の系譜を自認する立場から、イギリスの社会政策の先端の動向・理論をフォローしつつ、日本の社会保障・社会福祉策には鋭い批判を展開した。その成果は『「選別的普遍主義」の可能性』という単著となって公刊されている。副田義也（2001：101）は、同書に対する書評で「この半世紀あまりの日本の社会福祉政策研究において最高の達成の１つであることは確かである」と星野のソーシャルアドミニストレーション研究を評し、その研究方法について、①社会科学の基礎づけ、②批判科学の志向、③歴史科学の志向、④政策科学の４点を指摘している。また、星野は LSE におけるソーシャルアドミニストレーション学部が創設された背景を繙き、ソーシャルアドミニストレーション研究教育体系と課題を分析し、①ソーシャルアドミニストレーション研究教育の成立過程、②その前提条件となった福祉国家という時代状況、政策価値とソーシャルサービスの統合的視座、③ソーシャルワーク研究教育の混迷と社会政策への回帰の過程、④ソーシャルアドミニストレーション研究教育の科学化について述べている（星野1990）。星野を敷衍すれば、ソーシャルアドミニストレーション研究が、その時々の政治経済体制に大きく依存せざるを得ない研究領域であるという点は、価値選択に関わる社会政策研究との関係を抜きには考えられない特質となる。その政策的価値の選択に応じて、ソーシャルサービスに関する組織並びにシステムの構築から、サービス運営を効果的に推進するためのプロセスは分かち難く一体化している、という構造的理解が必要である。それと合わせて、ソーシャルアドミニストレーションが新たなニーズあるいは解決されない問題を起点に政策化やサービス開発につなげていくという視座をもつ点も見逃せない。ニーズに応じて政策課題は変化する。その意味では、社会変動とニーズの変化に着目しながら、現行の社会福祉政策と社会福祉実施体制に対して批判的科学の視点[6]をもち、より良い社会改良や制度的改革につながるような政策的提言を研究レベルで提示できるかが問われるということである[7]。

地方自治体の地域福祉に関心をおき、地域福祉研究をソーシャルアドミニストレーション研究の課題に位置づけて自治型地域福祉論としてまとめたのは右田である。

　右田は、国の社会福祉法制に対して、地方自治を基盤にした社会福祉の展開に地域福祉の固有性を見いだし、国レベルの社会福祉行政に対して、地方自治体を対抗的・運動的に位置づけ地域福祉を推進しようとした。特に、岡村重夫の地域福祉論の展開と課題を地方自治・行政学研究に求め、地域福祉推進の鍵は地方自治体の行政機構の改革にあるとした。右田は、地域福祉研究の固有性にこだわり、地方自治体に関する研究を最も行った地域福祉研究者である。その意味で、右田の地方自治体と地域福祉に関する研究は、新たな地域福祉の地平を切り開いたと言える[8]。

　他方、ソーシャルアドミニストレーションの課題を地方自治体における社会福祉サービスの運営問題に設定し、1990年代以降の在宅福祉サービスを軸とした具体的な展開を地域福祉計画と地域福祉実践の枠組みをもとに牽引したのは大橋の地域福祉研究である。

　大橋は、早くから市町村地方自治体の社会福祉行政のアドミニストレーションの過程に関心をおいてきた。その関心は、1980年までの一連のコミュニティケアの論議に対する問題意識にも現れているが、在宅福祉サービスの整備・展開を自律的に運営するための統合的なサービスシステムを構築するために、地方自治体の行政機構に着目し、その仕組みを活用しようという視座であった[9]。そのソーシャルアドミニストレーション研究に関する課題の変遷は大きく5つ程度に区分できよう。第1に1970年代を「主体形成と福祉教育という時代」、第2に1980年代を「在宅福祉サービスの分節化・構造化の時代」、第3に1980年代中頃から1990年代を「地域福祉計画と地域福祉実践の時代」、第4に2000年前半を「コミュニティソーシャルワークの理論化の時代」、第5に2000年中頃からを「コミュニティソーシャルワーク理論の政策化の時代」、に大きく区分できよう。

　さらに、大橋はソーシャルアドミニストレーションの実証的課題を、地方自治体の地域福祉実践に求め、地域福祉計画を枠組みとした。その枠組みは、①ハードウェア（在宅・施設の整備）、②ソフトウェア（事業・制

度計画)、③アドミニストレーション、④パーティシペーション、⑤ファイナンスから構成される（大橋1985)。その地域福祉計画の枠組みに位置づけられたアドミニストレーションは、機関委任事務体制下における地方自治体の社会福祉行政機能と民間の地域福祉実践の密接不可分な連携領域として構成された機構組織を意味する概念であろう。その大橋のアドミニストレーションの視座を「地域福祉のアドミニストレーション」とすれば、その問題意識は市町村地方自治体の行財政に問題意識をもち、かつ社会福祉運営では在宅福祉サービスの整備を軸とした地域福祉実践を展開し、公私協働を組織化し地域福祉計画をもとに政策運営を総合化しようとする点にアドミニストレーションの視座をもっていた。その意味で、大橋のソーシャルアドミニストレーション研究は、国レベルのソーシャルアドミニストレーション研究に対して、地方自治体市町村を基盤にした地域福祉の展開を課題として設定し、在宅福祉サービスを軸にした地域福祉実践を統合化・システム化しようとすることを課題にした研究であったと位置づけられる。

　ここまでのソーシャルアドミニストレーション研究に関する学説史の検討を通して、ソーシャルアドミニストレーションの研究課題が国レベルの社会福祉政策並びに社会福祉行政を運営する枠組みから、地方自治体市町村を基盤とした地域福祉の推進へと、その政策課題と研究課題を移行させていることを学説史的に検討した。

　三浦は主にコミュニティケア論や社会福祉サービス供給論を構成する②機関委任事務・措置行政、「⑤ハードウェア（在宅・施設福祉の整備計画)」、「⑥ソフトウェア（サービス事業・制度計画)」、「⑦アドミニストレーション」を中心とする研究に顕著な成果をあげている。しかし、三浦の研究業績には「⑧コミュニティソーシャルワーク」や、「⑨パーティシペーション（住民参加)」、あるいは新たな実施主体として位置づけれる「⑪社会的企業（ソーシャルエンタープライズ)」を正面から論じた研究はなく、国レベルの社会福祉政策から地域福祉への政策展開のなかで、本格的な研究主題の移行に関する視野は延伸していない。その三浦の社会福祉政策の研究課題を、ソーシャルアドミニストレーションの課題として実践的

にも研究的にも大きく前進させたのは大橋である。大橋は、三浦の社会福祉政策研究の課題を具現化すべく、地域福祉実践研究を通して住民参加やボランティアの構造化、地方自治体の地域福祉計画策定で財政フレームをとり入れた実践と研究を進めていることが研究主題から確認することができる。日本の社会福祉研究におけるソーシャルアドミニストレーション研究は、その課題が国レベルの社会福祉政策並びに社会福祉行政の運営から、市町村地方自治体を基盤にした在宅福祉サービスと地域福祉実践を軸とした地域福祉の推進という政策運営に課題を移行させていったことが看守できる。

第2節

ソーシャルアドミニストレーションの体系化の課題

1　三浦文夫の社会福祉政策研究における実践構造

　1980年代の日本における社会福祉政策の展開とソーシャルアドミニストレーション研究の中心になってきたのは三浦である。
　三浦のソーシャルアドミニストレーション研究の論理構造に着目してみれば、第1に「政策科学化」、第2に「社会福祉の範域の限定」、第3に「要援護者の問題解決から福祉コミュニティ形成」という3点（視点と方法）を特徴として見いだすことができる。
　第1に、三浦はフェビアン主義的な価値志向を基底にもつことは認めつつも、一連の戦後社会福祉政策研究における社会福祉の本質論争からは、あえて距離をとる研究態度であった。ゆえに、三浦の特徴の1つに数えられる政策科学的な研究の側面は、社会学に背景をもつ実証主義的な研究手続きに加えて、社会工学的と称される設計科学的な研究までを重視し政策提言する点に、これまでの社会福祉政策研究にはない独自の特徴を備えていると言える。例えば、三浦の理論枠組みの実証化は、1979年の全国社

会福祉協議会の『在宅福祉サービスの戦略』で明らかになったと言えよう。地方自治体並びに社会福祉協議会を推進の要に、在宅福祉サービスを整備し、関係資源の組織化を図りながら、福祉コミュニティを創出するという理論的枠組みをもつ要援護者への個別支援を起点にしたモデルである。

　第2に、三浦のソーシャルアドミニストレーション研究は、1950年及び1962年の社会保障審議会勧告の検討並びに社会福祉実定法に関する解釈にもとづき、社会福祉概念並びに社会福祉事業の範囲を限定的に捉えた点に特徴がある研究である。このなかで、日本における社会福祉概念の理解は実定法にもとづく実体概念としての社会福祉の理解であることを述べ、福祉を目的概念とするような欧米型のソーシャルポリシーにみられる所得保障、医療、雇用、教育、住宅、そしてパーソナルソーシャルサービスまでを包括的に提供する制度体系とは一線を画すという理解を明確にしている。この点を踏まえると、三浦の社会福祉経営論という社会福祉政策の理論枠組みは、イギリス型の social policy and administration を単に日本に翻訳・紹介しようとした研究ではないことが明らかである。イギリス及びアメリカの社会政策・社会保障研究から大いに学びながらも、日本の社会福祉事業に限定し、かつ日本の法制度を中心とした社会福祉管理を効果的に進めるためのソーシャルアドミニストレーション研究であると位置づけることができる。

　第3に、要援護者を中心に据える視座は在宅福祉サービスという個別支援を通して、地域支援のネットワーク化を図っていくという福祉コミュニティ論にほかならない。従来の社会福祉協議会の地域組織化を目的としたコミュニティオーガニゼーション理論への問題提起であり、地域組織化それ自体を目的とすることに対する社会福祉協議会の運営のあり方と組織的アイデンティティにも関わる重要なアドミニストレーションに関する問題提起であった[10]。

　三浦のソーシャルアドミニストレーション研究は、戦後社会福祉からの転換を企図し、1980年代の社会福祉改革を主導し、数多くの政策提言や立法化へ影響を与えたという点で、国レベルの社会保障・社会福祉を混在させた極めて実践志向の強い社会福祉政策の運営に特徴をもつソーシャル

アドミニストレーション研究だったと位置づけることができよう。ティトマス学派のソーシャルアドミニストレーション研究は社会問題の理解や具体的な問題解決を図ること、社会改良を通して福祉の向上を図ることを目的にしていたこと、その実証的・実践志向に評価が集まる[11]。それに照らして言えば、三浦の社会福祉政策研究は、日本の社会福祉政策の制度化並びにその後の政策動向に大きな影響を与えたという点で、「日本型ソーシャルアドミニストレーション」研究のエポックを形成したと言えよう。

2 「ソーシャルアドミニストレーション研究の分岐と発展」
──三浦理論以降の展開を中心に

　三浦のソーシャルアドミニストレーション研究は、国レベルの社会福祉政策研究を中心に、欧米のソーシャルポリシーを基盤に理論化へと進展させようとする社会政策研究グループと日本の社会福祉研究を地域福祉へと政策的・実践的に展開しようとする社会福祉研究グループに分岐し発展を遂げた。

　社会福祉政策研究は三浦の社会福祉政策を基本的な枠組みとしてその発展を狙いとし、京極髙宣・高橋紘士・小林良二を第一世代とする社会保障問題研究所を中心とする研究グループによって進められた。この三浦に連なる一連の社会福祉政策研究の同時代的な系譜は、福祉多元化を念頭にサービス供給システム論、公私問題研究、組織論研究、計画研究を研究主題に展開した（京極・高橋・小林・和田：1988）。これらの研究群は、三浦理論を基盤に国レベルの多岐にわたるソーシャルアドミニストレーション研究の領域と枠組みを形成したという意味で、ソーシャルアドミニストレーション研究の第一世代に位置づけることができよう。

　その系譜で、次の第二世代に位置するのが、栃本一三郎・武川正吾・平岡公一・坂田周一らの研究群である。その特徴は、主として社会学・社会政策を学術的基盤にもち、欧米のソーシャルポリシーに関する研究を中心に、ソーシャルアドミニストレーション研究まで理論的射程をもつ社会政策研究として発展した。その理論的展開は、伝統的な日本の労働経済学を

中心とする社会政策学会に対してイギリス型のソーシャルポリシーへの転換を基本的な主張として、「家族政策」、「イギリスのコミュニティケア改革」、「福祉多元主義」、「社会福祉計画・地域福祉計画」から「ローカル・ガバナンス」まで、多岐にわたる研究課題を発展させた。

　一方で、日本の社会福祉政策の課題を地域福祉に設定し、ソーシャルアドミニストレーション研究として発展させたのは大橋である。

　その眼目は、市町村地方自治体の社会福祉行政が公私協働による社会福祉サービスの整備とそのシステム化をいかに効果的に運営するか、言わば市町村地方自治体を基盤にした社会福祉サービスと地域福祉実践を統合化・システム化することに研究課題を進展させることにあった。それは、1980年代の一連の社会福祉改革の成果と次なる課題が、市町村を基盤とした社会福祉サービスの整備並びにシステム化にあったという政策的要請からすれば、当然の展開であったと言えよう。この1980年代の一連の社会福祉改革と社会福祉関係八法改正を1つのターニングポイントに、三浦理論の政策展開は、地方自治・地域福祉の推進へと政策的・実践的なベクトルを強めていくことになる。その社会福祉政策の実践課題は、日本地域福祉学会の設立と地域福祉実践研究に継承されることになった。大橋の地域福祉を課題にするソーシャルアドミニストレーション研究の課題は、市町村地方自治体を基盤とした社会福祉サービスとソーシャルワークの統合化とシステム化にあり、いわゆる制度的サービスとソーシャルワークを地域福祉計画の枠組みで総合化することを基本的な考え方とする。その鍵概念となるのが、媒介機能並びに方法論として位置づけられる地域福祉実践であり、その研究はコミュニティソーシャルワークに進展していくことになる。その実践的研究の進展は、1990年代に市町村を実証的なフィールドに進められた地域福祉実践を経て、2005年にコミュニティソーシャルワークの10の構成要件によって固められた。大橋のコミュニティソーシャルワークを方法に位置づけた地域福祉課題の焦点は、三浦理論の在宅福祉サービスを軸とする社会福祉サービス供給論に参加やソーシャルワーク機能を位置づけ、個別支援ニーズを起点にした問題解決から、ソーシャルサポートネットワークの形成や住民自治の醸成を図り、市町村の日常生活

圏域に保健・福祉サービスを統合的に展開できる実践システムを構築しようとした点にある。その点を踏まえれば、大橋の地域福祉論は、社会福祉サービスの運営を市町村社会福祉行政レベルで総合化・システム化しようとすることを政策課題にしたソーシャルアドミニストレーション研究であったと位置づけることができる。

3　三浦理論の政策的課題と地域福祉への展開

　三浦理論のソーシャルアドミニストレーション研究の政策運営の課題は、1990年以降の地域福祉の展開にあったとみるべきであろう[12]。

　三浦は1989年の福祉関係三審議会合同企画分科会の「今後の社会福祉のあり方について」への関わり方及び1990年社会福祉関係八法の改正を地方分権・地域福祉への課題転換と捉える論考のなかでその問題意識の一端を述べている。例えば、1990年の「東京都地域福祉計画」では、地域福祉を軸とする新しい社会福祉の構築について、①資源の効果的・資源効率的配分、②一貫性・継続性の確保、③官民の合意形成、④福祉関連領域の総合化、の4つを地域福祉計画策定の意義として述べている（三浦1990：4－5）。このなかで、地域福祉計画によるソーシャルアドミニストレーションに関して言及している点に注目すれば、④福祉関連領域の総合化に関して言及している点をあげることができる。地域福祉を単なる在宅福祉と施設福祉の体系化と捉えるのではなく、その他の政策の関連領域を総合化するアドミニストレーションに関する機能を求めている点は重要な指摘である。三浦は、国レベルの社会福祉政策の具体的な展開を市町村の地域福祉計画に求め、政策と計画は同義のものとする視点から、政策（計画）・運営までを一体的に担うのが社会福祉経営論の枠組みであると考えていたとすれば、やはりその課題は地域福祉へと展開したとみるのが妥当であろう。

　三浦は日本社会政策学会100年を記念する「高齢社会と社会政策」に所蔵する論文において、地方自治体の政策課題である1990年代の社会福祉改革のスタンスについて触れている。そこでは「地方分権的社会福祉」

や「公私協働型の社会福祉」という転換点を象徴するキーワードをあげ、地域福祉を軸とする社会福祉の形成を重要な課題として指摘している（三浦 1998：194）。その文脈に自身の多元的福祉供給システムの構築を位置づけ、多様な関連領域との連携・統合というアドミニストレーションが問題になるという主旨のことを述べている。これら一連の地域福祉に関する言及は、三浦理論の実践展開の１つの方向が地方自治体における地域福祉の展開におかれている証左であり、さらに市町村の社会福祉運営の総合化を図るうえで、地域福祉・地域福祉計画の枠組みにソーシャルアドミニストレーション機能を求めたと理解することができよう。

　三浦は、自ら主導した1990年に社会福祉関係八法改正を契機に、地域福祉を戦略的概念に位置づけ、市町村を中心に在宅福祉サービスの整備を軸とする地域福祉の推進を大きな政策課題とした。三浦のソーシャルアドミニストレーション研究は２つの展開と発展をみせることになったが、三浦がこだわった社会福祉政策研究の日本的限定、すなわち日本型ソーシャルアドミニストレーション研究の実践志向は、市町村を単位とした在宅福祉サービスの整備を老人保健福祉計画の策定により進め、地方自治体の地域福祉へのベクトルを強めた。社会福祉関係八法の改正による地域福祉への基本的な方向性を定め、市町村を基盤とした社会福祉サービスのシステム化と地域福祉実践を一体的に進める方向性を明確にした。小笠原浩一（2004：134）は、三浦の社会福祉経営論について「『地域福祉』を福祉サービス供給システム論に狭義に鈍化した『社会福祉経営論』は、三浦の思い描く地域福祉システムの政策構想のなかでは、社会福祉改革の時代的要請に応えるべくして準備された部分構想の位置にあったと総括すべきではないかと考える」としている。

　日本のソーシャルアドミニストレーション研究の課題は、三浦の社会福祉政策の地域福祉への政策展開を踏まえれば、1990年代の大橋を中心とする地域福祉の推進を、どう体系化するかという点にもっと研究課題のフォーカスをあてなければならなかったのではないか。その意味で、日本の社会福祉研究は、地域福祉へと延伸した社会福祉政策の日本的展開を体系化することを、いまなおソーシャルアドミニストレーションの理論的な課

題としている。

第3節
社会福祉政策の展開と
ソーシャルアドミニストレーションの変容

1　政策ニーズの変化とソーシャルアドミニストレーション研究の変容

　ソーシャルアドミニストレーションの課題は、国レベルの社会福祉政策から市町村を中心とした在宅福祉サービス整備を軸とした地域福祉実践のシステム化、そして個別支援ニーズに対するアウトリーチ機能をもつ地域包括支援体制の構築に移行している。

　その政策的課題は、個別支援ニーズをどうアセスメントするか、アウトリーチを含めた方法やその仕組みを日常生活圏域にシステム化することが政策運営の課題となる。そのシステム化の大きな役割を担うのは身近な市町村社会福祉行政である。ソーシャルアドミニストレーションの課題は、政策ニーズをどう分析するかということが重要である。その視点から言えば、個別支援ニーズをめぐるアセスメントのあり方がソーシャルアドミニストレーションの政策運営の課題を規定していくという面に留意しなければならない。【図表1－3】は、政策ニーズの変化と社会福祉政策課題の変化からソーシャルアドミニストレーションの課題が移行していることを示すものである。ソーシャルアドミニストレーションの課題は、社会的ニーズの把握から、必要な社会福祉サービスとその提供組織に関する研究、その充足にかかわるメカニズムに関する研究であるゆえ、社会的ニーズ及び政策ニーズの変容からソーシャルアドミニストレーションの課題の変遷を捉えることができよう。

　日本における社会福祉政策の課題の変遷を遡れば、戦後社会福祉研究に

図表1-3　ニーズの変化とソーシャルアドミストレーションの課題の変容

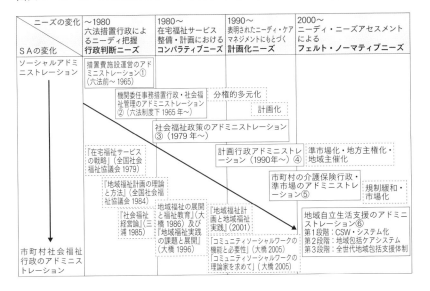

おけるソーシャルアドミニストレーションの課題は、「措置費施設運営」の課題、そして「機関委任事務体制下・措置行政」によるニーディの把握と行政判断により提供される社会福祉サービスに関する研究が、ソーシャルアドミニストレーションであった。この時代のソーシャルアドミニストレーション研究に関する課題は、重田が措置費による施設管理運営と組織問題をアドミニストレーションの問題としている。また、高沢が機関委任事務体制下の措置行政における社会福祉管理と、その権力構造に問題意識をもった多岐にわたる社会学的な分析研究を残している点にも、ソーシャルアドミニストレーション研究の特徴が強く現れている。総じて、この時代は、国の中央集権体制下における社会福祉行政に対して、どう社会福祉管理を効果的に運営するか、施設運営や行政組織の運営をソーシャルアドミニストレーションの課題とした。また、国家行政による中央集権的な社会福祉管理の権力構造に対する批判的分析が多角的に行われている点にも、ソーシャルアドミニストレーション研究の特徴が強く現れている。

1980年代では、三浦を中心とする社会福祉政策研究は、全国的な施設・

在宅福祉サービスの整備・計画を軸とする社会福祉供給をソーシャルアドミニストレーションの課題とし、地方自治体では社会福祉サービスに関する整備が、いわば「コンパラティブ・ニーズ」として把握されることになった。社会福祉政策にとって1980年代は、社会福祉改革が矢継ぎ早に実施された時期であり、1985年の国庫補助一括削減法、1986年「地方公共団体の執行機関が国の事務として行う事務の整理及び合理化に関する法律」など施行された[13]。その改革の大きな特徴は、既に多くの研究で論じられている通りであるが[14]、機関委任事務の団体委任事務化、都道府県から市町村への措置権限の移譲など、地方自治体とりわけ市町村を中心にした社会福祉サービス供給体制の整備が主な内容であった。

　その後、ソーシャルアドミニストレーション研究にとって大きな政策課題となったのは、1990年の社会福祉関係八法改正であり、日本の社会福祉政策の地域福祉への政策展開は、1つのターニングポイントになった。1990年以降は、市町村を基盤に在宅福祉サービスを軸とする地域福祉実践が展開され、ソーシャルアドミニストレーションの課題は、ケアマネジメントの実施において表明されたニーディ・ケアマネジメントにもとづく計画化ニーズの把握とその対応をどう計画行政的に推進するかに移行した。また市町村を中心に保健・医療・福祉・介護サービスをどう仕組みとして構築するか、その統合化とシステム化が実践的にも研究的にもソーシャルアドミニストレーションの課題となった。

　周知の通り1970年代の社会福祉の発展は、国レベルの機関委任事務体制下の措置行政による社会福祉六法を中心とした社会福祉供給体制の確立であった。しかし、多くの研究が1980年代を社会福祉改革の過程として、その後の1990年を社会福祉の転換期に位置づけていることからも理解されるように、2000年前後の社会福祉基礎構造改革と社会福祉法の成立・施行は、社会福祉供給体制の運営過程にも変革を迫ることになる。2000年の社会福祉法改正と介護保険制度をはじめとする準市場・契約型福祉サービス運営の最適化などの運営課題に対して、新たな視座から市町村社会福祉行政を運営していくことが必要になった。これまで、このような政策課題に対しては、社会福祉政策研究や、社会福祉行財政研究があった

が、総じて国レベルの機関委任事務体制・措置制度における社会福祉政策研究が主流であった。地方自治体市町村レベルの社会福祉研究では地域福祉研究があるが、地方自治体論や社会福祉行政研究との具体的な福祉行政の課題を解決するという視座は課題になっているのが現状である。とりわけ2000年以降、社会福祉法の改称・改正により地域福祉が法的にも位置づけられ、市町村を基盤にした地域福祉推進の基調が明確になると同時に、介護保険制度の施行では市町村は介護保険行政の実施運営が、ソーシャルアドミニストレーション研究の大きな課題となった。市町村社会福祉行政は、介護保険サービスの整備から準市場化の規制とサービス監査をはじめとする管理監督をどう行うかがソーシャルアドミニストレーションの大きな課題となった。市町村社会福祉行政は、介護保険行政を適切に運営し、介護保険政策の目的に適った運営水準を達成するために、地域包括支援センターを中核にした保健・医療・福祉・介護・生活支援サービスを統合的なシステムとして構築しなければならなくなった。また、地域自立生活支援の過程においては、個別支援ニーズへのアプローチ方法や仕組みづくりが大きな課題となる。そこでは、フェルト・ニーズ及びノーマティブニーズの把握がニーディ・ニーズアセスメントのあり方に関する問題として市町村社会福祉行政の課題となる。コミュニティソーシャルワークのシステム化、地域包括ケアシステム、地域包括支援体制の運営を政策的課題として市町村社会福祉行政をどう総合的に運営するか、その枠組みづくりがソーシャルアドミニストレーションの課題である。

2 「ソーシャルアドミニストレーションの日本的展開」の実践構造
──三浦理論と大橋理論の比較

【図表1-4】は三浦理論及び大橋理論におけるニーズへのアプローチに関する異同である。ソーシャルアドミニストレーションの基本課題の1つが、政策ニーズの把握をもとに社会福祉サービス供給の機構をつくることにある。その視点から言えば、コミュニティソーシャルワークが課題としてきた個別支援ニーズの解決を、どう計画化・政策化し、そのプロセスを

図表 1-4　地域自立生活支援に求められる
　　　　　ソーシャルアドミニストレーションにおける枠組みの変化

〈在宅福祉サービス整備時代の社会福祉政策・モデル〉

三浦文夫
数量的ニーズ調査⇒サービス整備論
⇒サービス供給論⇒社会福祉コミュニティ形成

〈地域自立生活支援時代のコミュニティソーシャルワーク・モデル〉

大橋謙策
ケアマネジメント、CSWの個別アセスメントによるニーズ把握
⇒在宅福祉サービスを軸とする統合システム化
⇒地域コミュニティづくり⇒ケアリングコミュニティ

通してまちづくりを進めていくかということがソーシャルアドミニストレーションの課題になった。

　2000年以降のニーズは、利用者によって表明される個別支援ニーズの把握がアセスメント上の問題となり、数量的なサービス・ニーズ調査という方法では、適切なニーズ把握を行うこと自体が困難になる。さらに、単身化社会による孤立・孤独や多問題家族などの支援困難事例は、近隣住区のインフォーマルサポートネットワークや具体的には民生委員等との適切な連携を行わなければ、ソーシャルワークとケアマネジメントによるアウトリーチ型の問題発見とニーズへの接近自体が難しい問題である。このようなニーズの質的な変化に対しては、ニーズアセスメントの考え方と方法が課題となる。市町村単位のサービス・ニードの数量的な把握に比べて個別支援ニーズのアセスメントは、近隣住区の民生委員等との連携により日常生活圏域ごとのソーシャルサポートネットワークの形成が大きな力を発揮する。それにはアウトリーチ機能をもったソーシャルワークによる個別ニーズの把握から在宅福祉サービスの利用につなげるような地域を基盤にしたソーシャルワークによる福祉サービスのシステム化が必要となる。ソーシャルアドミニストレーション研究の課題は、社会的ニーズ自体をどう捉えるかというアセスメントのあり方に移行しそれにはニーズにアプローチできる、ソーシャルワーク機能を市町村単位のサービスシステムにどう

位置づけ統合化するかというところに移行した。そのように考えると、三浦のサービス・ニーズの把握から社会福祉サービス供給を国の政策レベルで考えるソーシャルアドミニストレーションには限界があったと言わざるをえない。また、市町村を中心にした社会福祉サービスとソーシャルワークを統合化すること、そして参加を含めてシステム化していくことをソーシャルアドミニストレーション研究の課題としなければならなかった。

これまで、社会福祉政策研究におけるニーズ論については、援助対象を政策カテゴリーとして集合論的に把握する点に特徴があった。そこでは利用者が有する属性などは捨象され、統計的・数量的にニーズが把握されることになる。そのようなニーズ調査の手法は、サービス整備の需要を量的に把握する場合においてはいまなお有効である。しかし、個別化・複合化する「生きづらさ」を丸ごとニーズとして捉えるアセスメントのあり方、ニーズへのアウトリーチにつながる接点をどう地域住民等との協働により拠点として形成し、専門機能につなぐかソーシャルワーク機能を配置した実践システムの構築がアドミニストレーションの課題となる。このような個別ニーズへの対応は、国による制度化・政策化による対応にも限界があることは確かである。その解決には、地域の多様な資源をどう活用していくか、社会福祉法人をはじめとする主体のあり方や行政と社会福祉協議会の協働のあり方を、ソーシャルワークの配置とニーズ把握のあり方、複雑多様化する問題に対して、専門職機能をいかに活かせる仕組みをつくるか、市町村社会福祉行政の関与の仕方が極めて重要になる。

【図表1-5】は、社会福祉研究におけるソーシャルアドミニストレーション研究の発展形態を三浦と大橋を軸に素描したものである。

1990年を大きなターニングポイントに、ソーシャルアドミニストレーション研究の軸が国から地方へ移行している。それに合わせてソーシャルアドミニストレーション研究の焦点も、国の機関委任事務体制下の「社会保障・社会福祉の混在型のソーシャルアドミニストレーション」から、地方分権・地方主権化時代に向けた市町村を基盤とした社会福祉サービスとソーシャルワークを統合しようとする「政策・コミュニティソーシャルワーク統合化・システム化アドミニストレーション」へと展開していった。

図表1-5 ソーシャルアドミニストレーションの日本的展開

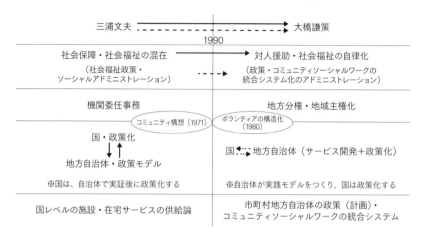

　ソーシャルアドミニストレーション研究の焦点は、三浦が国レベルの社会福祉政策の展開を目指して、地方自治体で政策モデルをつくるという実証的な手続きを踏んで政策形成したのに対して、大橋は地方自治体レベルでサービス開発や政策化を推進し、その実践を国が追随するような形で、国レベルの政策形成に影響を与えていったという違いがある。また、三浦が国レベルで在宅サービスの全国的な整備を推進することにソーシャルアドミニストレーション研究の焦点をあてていたのに対して、大橋はそれを市町村レベルでサービス圏域を調整し、在宅福祉サービスとソーシャルワークを統合化・システム化しようとする点にアドミニストレーションの視点と課題を有していた。

　この三浦と大橋における社会福祉政策・地域福祉を軸にした相互補完的な社会福祉の展開を「ソーシャルアドミニストレーション研究の日本的展開」とし、この両者の1980年代からの実践体系を日本の社会福祉研究におけるソーシャルアドミニストレーションの1つの理論枠組みと位置づけておきたい。

3　ソーシャルアドミニストレーションの体系化と社会福祉研究の課題

　「市町村社会福祉行政のアドミニストレーション」を構築する基礎的検討として、三浦の社会福祉政策研究から大橋の地域福祉への政策展開を、日本の社会福祉研究におけるソーシャルアドミニストレーション研究の1つの理論的枠組みがあるという理論仮説を検討した。そのポイントとなるのが、1990年の社会福祉関係八法改正である。1990年を転機に社会福祉行政の計画行政化、地方自治体を基盤とする地域福祉が政策テーマになり、在宅福祉サービスを軸とする地域福祉の展開がソーシャルアドミニストレーションの政策課題となった。

　三浦の社会福祉政策のソーシャルアドミニストレーションの視座は、サービス・ニーズの数量的把握と在宅福祉サービスの制度化を軸とする社会福祉サービス供給論である。また、福祉コミュニティ論は、在宅福祉サービスの提供により福祉的問題を共有し、福祉コミュニティを形成するという理論枠組みである。しかし、ソーシャルワークによる個別問題の解決と、その過程に生じる解決しがたい支援困難ニーズを起点にしたサービス開発の視点は弱いと言わざるをえない。地域包括ケアの議論に置き換えて考えれば、三浦のモデルは国レベルの関係法制度による制度的サービスの整備に向けたコンパラティブ・ニーズの把握と社会福祉サービス供給システムの整備に主眼をおく社会福祉政策のソーシャルアドミニストレーションである。地方自治体を基盤にした地域福祉の展開では、日常生活圏域のサービスの統合化・システム化までの方法論が明確化されていたわけではない。例えば、地域住民の意識の醸成を図るための在宅福祉型サービスや、有償ボランティアによる参加型福祉サービスも資源論の範囲であり、バークレイ報告が問題にしたようなソーシャルワーク機能によるインフォーマル資源の開発等が専門的に位置づけられているわけではない。あるいは1972年の「コミュニティケアと社会福祉」でケアバイザコミュニティの形成課題としたあげた福祉教育についても、その具体的な方法論は大橋の主体形成論やコミュニティソーシャルワークにその課題は託された。その意味で、

三浦の社会福祉政策論は、地域福祉とコミュニティソーシャルワークによる個別支援が相互補完的に位置づけることをソーシャルアドミニストレーション研究の課題として残したと言える。

　一方、大橋の地域福祉研究におけるソーシャルアドミニストレーションの位置づけは、1985年の地域福祉計画のパラダイムに遡る。そのパラダイムにおけるアドミニストレーションは、1990年代の地域福祉実践を経て2000年のコミュニティソーシャルワークの方法化と理論化により、アウトリーチ型のニーズ把握とソーシャルワークによる個別支援を問題解決の枠組みに、福祉サービスの開発とソーシャルサポートネットワークの形成まで枠組みとするプロセスを重視する社会福祉学実践研究のモデルである。現在の地域包括ケア政策の論議で欠落している地域コミュニティづくりに関する方法論を有している点で、社会福祉学実践研究としての固有性が発揮されている。その地域福祉論は、1980年代の社会福祉政策研究、すなわちコミュニティケア論を、地方自治体の地域福祉計画を受け皿として、その実践的手段としてコミュニティソーシャルワークによるソーシャルアドミニストレーション実践を形成した。コミュニティケア論を中心とする社会福祉政策の展開における限界を乗り越える視点と方法をもったコミュニティソーシャルワーク理論は、これまでの政策・援助実践を統合化するアドミニストレーションの視座をもった理論的枠組みであると言える。

　以上を踏まえると、1980年代の社会福祉政策の展開と地域福祉実践への展開、2000年のコミュニティソーシャルワークの理論化は、ソーシャルアドミニストレーション研究の理論課題であった。それは、社会福祉研究の文脈に即して言えば、政策・援助実践を統合化しようとする社会福祉学の理論枠組みに関する研究であるとも位置づけられる[15]。その意味では、2000年の大橋によるコミュニティソーシャルワークの理論化は、三浦の政策研究を援助実践研究に統合化するというソーシャルアドミニストレーション理論に課題をもった研究であり、この2つの実践科学的な論理構造をもつ政策・援助実践研究は、社会福祉実践研究における1つの理論的枠組みの到達点として位置づけられなければならないと考える[16]。

第4節
ソーシャルアドミニストレーション研究の課題

　日本型のソーシャルアドミニストレーション研究の体系化にむけて、三浦と大橋の論説を中心に、社会福祉政策から地域福祉研究への展開を学説史的に検討し、その実践的展開のなかから体系化に向けた理論的な枠組みと実践の論理構造を抽出した。その視点と方法は、①在宅福祉サービスを軸とした地域福祉の推進を図り、福祉コミュニティ形成へと展開するプロセスを重視するモデルであるということ、②分析科学と設計科学からなる実践科学としての研究方法論を有していること、③実践仮説の検証を通じた実証化・理論化という開発的な政策実践研究であることを特徴としてあげることができる。

　同時代で優れたソーシャルアドミニストレーションの研究が数多くあるが、海外の紹介型・解説型研究に終わらず、政策・援助実践に一貫した論理構造をもち、分析型の研究のみならずサービス・モデルの開発から政策化まで研究実績を有している研究は、他に類をみない。その意味で、今日的な影響力を含めて三浦から大橋へと展開した日本のソーシャルアドミニストレーション研究は、日本の社会福祉研究におけるソーシャルアドミニストレーション研究の1つの体系を形成したと言える。しかしながら、これまで三浦理論・大橋理論の研究に関する論及及び引用は突出した研究の数にのぼるものの、1980年から2000年以降までの三浦・大橋の政策・実践研究を、日本のソーシャルアドミニストレーション研究の1つの体系として総合的に把握しようとする視点をもつ社会福祉研究は存在しなかった。

　他方、ソーシャルアドミニストレーションの政策的課題については、1980年代から1990年にかけて社会福祉政策の焦点が地域福祉に移行したにも関わらず、ソーシャルワークを起点にした政策化へのベクトルを理論化しようとする研究には至っていないのが現状であろう。

　ティトマスが、ソーシャルアドミニストレーション研究の視点として提

起した「有効性」や「消費者の利益」[17]の保障は、今日的にはマクロ・レベルのいわゆる政策・制度論による政策運営だけでは、その有効性の確保は覚束ない。政策による社会福祉サービスに加えて、個別的なニーズへの対応としてソーシャルワークを相互補完的に位置づけなければ、その政策目的や施策及びサービスの有効性を担保することはもはや難しいと考えなければならない。現代社会においては、個別化・複合化するニーズそのものを構造的に把握すること自体が難しく、さらに都市化により地域コミュニティの希薄化が進み、潜在化するニーズにどうアプローチし、どう支援プロセスに乗せていくのか、その前提となるニーズ発見の仕組みをどうソーシャルワークをシステム化することで確保できるか、そのシステム化自体がソーシャルアドミニストレーション研究の大きな研究課題となっている。その点を踏まえると、政策・制度的サービスを効果的に補完しうるソーシャルワークを起点にした、ソーシャルサポートネットワーク等の形成・サービス開発が政策的にも実践的にも位置づけられなければ、今日的な社会福祉問題への効果的な対応はおろか、市町村社会福祉行政の責務を果たすことはできない時代を迎えていると言っても過言ではない。社会福祉政策の運営について、これまで以上に市町村社会福祉行政が大きな役割を担って行くことになることはもはや避けられない以上、1990年以降のソーシャルワークの時代をいかに市町村レベルで実質化して、仕組みを構築していくかはソーシャルアドミニストレーション研究の課題と言える。

とりわけ、2000年以降のソーシャルアドミニストレーション研究が問題にしなければならないニーズは、高齢者分野に限定して言えば、介護保険制度にもとづくサービス提供によって把握されるニーズを総合化する高齢者保健福祉総合行政の運営であろう。

介護保険制度による申請と認定、ケアプランの作成とサービスの実施、モニタリングによるフォローアップを通して進む支援のほか、制度外に位置するニーズへの対応をいかに図るかは、地域支援事業をどう運営するかを含めた市町村社会福祉行政におけるアドミニストレーション機能及び枠組みに関する問題である。介護保険制度等の制度化されたサービスを起点に地域への展開とネットワーク化をいかに図り、個別問題へのアンテナを

延ばしていくかは、制度的ケアマネジメントの枠内の問題であり、枠外の問題とも言える[18]。そのニーズにどうアプローチするかを同時にソーシャルアドミニストレーション研究の課題としなければならない。ソーシャルアドミニストレーション研究の課題に即して言えば、制度化・政策化により整備する必要性が明確なコンパラティブ・ニーズは、行政計画によるアドミニストレーションにより整備目標に沿って計画的に進めることが重要になる。一方で、単身化社会におけるニーズが潜在化せざるを得ない地域社会の状況を踏まえれば、住民自治による参加やコミュニティ形成を同時に図っていくことが、ことさら地方自治上のアドミニストレーションの課題として、行政と NPO や自治会のパートナーシップによる協働が重要になってくる。いわば、アセスメント機能を担保するためのアウトリーチ機能と専門職へのつなぎの機能をいかに行政の適切な関与のもと、日常生活圏域にシステムとして構築することができるのか、その構築に最大限の政策運営の関心を持たなければならないのは、市町村社会福祉行政であり社会福祉研究におけるアドミニストレーション研究の課題と言えよう。

注

1) 先行研究については星野（1986）に依拠している。また、その後のソーシャルアドミニストレーションを主題に扱った研究では吉原雅昭（1995）においても同様の整理をしている。

2) 例えば、社会起業家と言われるような社会福祉実践家としては、新潟県の社会福祉法人長岡福祉協会の故小山剛氏がいる（萩野2016）。それ以外では、社会福祉法人むそうの戸枝陽基氏がおり、そのリーダーシップについては、大橋が座長を努める福祉マネジメント研究会の研究成果として、損保ジャパン日本興亜福祉財団 No.88「ニーズ対応型福祉サービスの開発と起業化」『福祉マネジメント研究会』報告書が公刊されている。

3) 三浦理論の分析については、京極髙宣、小林良二、高橋紘士、和田敏明による『福祉政策学の構築——三浦文夫氏との対論』や小笠原浩一・平野方昭による『社会福祉政策研究の課題』に詳しく、本書の三浦理論の分析においても大きく依拠している。

4) 三浦と同時代的には、岡田藤太郎（1998）や小田兼三（1993）がイギリスの社会政策の動向を積極的に論じており数多くの翻訳並びに論説を残している。また、次の世代では山本隆（1993）や平岡公一（2000）が福祉多元主義や福祉の市場化をフォローする研究を手がけている。

5）星野は、LSE への留学経験による現地イギリスにおけるソーシャルアドミニストレーション研究や、ブランダイス大学におけるソーシャルポリシーを専攻している。さらに、東京都職員であった経験もアドバンテージになり研究課題にも影響したと思われる。その研究的関心は、地方自治体の社会福祉行財政に関する問題点を実証的研究によって明らかにし、国の社会福祉制度への鋭い批判を展開している。しかし、単なる批判で終わることなく政策提言をまとめるというソーシャルアドミニストレーション研究としての矜持が伺える。星野は、国の社会福祉政策を地方自治体の立場から批判的に捉え、地方自治体を基盤にした独自の社会福祉行政研究を推進し、その時々の政策課題に対して、実証的な政策提言並びにソーシャルアドミニストレーション研究を数多く残している。

6）ソーシャルアドミニストレーション研究の実証主義的な社会改良志向は、社会福祉学のニーズを起点にした実践構造と重なる点が多い。この視点は、岩田正美（2015）の論説から大いに学んでいる。

7）イギリスの社会政策・社会行政論に関する体系的な研究では、大山博（大山 1991；1992）、武川正吾（大山・武川 1991）、金子充（1995）がいる。ソーシャルアドミニストレーション研究を推進するうえで、イギリスのソーシャルアドミニストレーション研究を踏まえることの重要性は否定しようもないが、本章では日本のソーシャルアドミニストレーション研究の学説史の検討を主な目的としている。したがい、イギリス政策研究を踏まえた論議は他日を期し、関連する研究を指摘するに留めたい。

8）その後、右田理論を継承することを意識した研究として、吉原の地方自治体のアドミニストレーションに問題意識をもつ研究があるほか、加納恵子によるコミュニティワークに関する研究等も同様の問題意識をもつ研究といえる。また、平野隆之（2008）による『地域福祉推進の理論と方法』は、著者自身が同著を右田理論の実践論に位置づけようとする研究であると述べている。

9）大橋の地域福祉研究への着手については、その前史として社会教育と社会事業に関する研究がある。本章では 1970 年代の中頃から「地域福祉問題」への着目と「施設の社会化論」並びに「在宅福祉サービスの分節化・構造化」という研究テーマを扱い始めた時期に関心をおいた。むろん、その基盤となる地域福祉問題及び地方自治体に強い関心を持つ研究は、既に 1970 年代はじめには「地方自治の形成」と「主体形成」の論議に現れており、大橋研究の地方自治行政への強い視座が伺える。

10）この点については、和田が全国社会福祉協議会の事業型社協のあり方をめぐる検討過程で、三浦からの問題提起があったことを述べている（和田 1988：231‐235）。

11）星野は、ミシュラ、ウォーハムによるティトマス学派の特徴を引用しつつ、そのような理論的見解を示していることを整理している（星野 1986）。

12）その構想の基礎理論は、三浦による 1970 年代の一連のコミュニティケア理論の枠組みにあったと言えよう。同論文のなかで、コミュニティケアの発展系をケアバイザコミュニティと位置づけ、さらにソーシャルワークの発展として、福祉教育等を課題としてあげている（三浦 1971）。

13）例えば 1987 年に「社会福祉士及び介護福祉士法」が制定されているほか、1986 年には全社協が「社会福祉改革の基本構想」を、1989 年の福祉関係三審議会合同企画分科会が「今後の社会福祉のあり方について（意見具申）」をまとめ今後の社会福祉の基調を形成した。1980 年代の社会福祉政策の特徴は、国が進める第 2 臨調路線を横目に、社会福祉改革の基本的な方向を大きく形成したという位置づけであろう。

14）伊部英男・大森彌編（1988）『福祉における国と地方』、阿部實（1998）『社会福祉改革研究』、小笠原浩一・武川正吾編（2002）『福祉国家の変貌』がある。

15）社会福祉学の固有性の主張として、政策援助実践の統合化に問題意識をもつ理論枠組みとしては、黒木利克（1958）や仲村優一が公的扶助制度の運営とケースワークの関係を論じている。また社会福祉理論の枠組みでは、岡村重夫（岡村 1957）や嶋田啓一郎（嶋田 1980）が人間の主体性に立脚した政策・援助実践のあり方に関する社会福祉学理論がある。

16）その架橋を強く意識した地域福祉研究においても、日本型福祉社会論やコミュニティ構想、在宅福祉サービスの戦略や地域福祉計画の視点と方法、1980 年代の社会福祉改革のプロセス、1990 年の福祉八法改正までの日本の社会福祉政策の文脈を踏まえた地域福祉研究は多くない。地域福祉研究は自治型地域福祉の理論構成に見られるように、福祉国家という 1 つの権力機構に対する地方自治体を基盤にした運動論として独自の発展をみせたゆえ、1980 年代の社会福祉政策の改革を十分に理論化するには至らなかったと言える。

17）ティトマスは、「有効性」を極大化することに関する真の課題は、社会のなかの「捉えにくい人々をいかにして把握するか」というところにあり、福祉が社会的原因によって損なわれている場合は、道徳的要素を踏まえ、現物給付という形で補償的サービスを提供することは、社会的責務であると述べている（ティトマス＝三浦ら訳 1971：78‐85）。

18）例えば、東京都をはじめとするいくつかの自治体が作成している「居宅介護支援員の業務」に関する説明では、「地域連携」や「保険外サービス事業者との連携」は項目としてはあるが、積極的に地域資源を活用するといったことが説明されているわけではない。また、厚生労働省の「ケアマネジメントのあり方」の「居宅介護支援事業所及び介護支援専門員の業務等の実態に関する調査」をみても、地域連携や資源の活用に関する項目はなく、ケアマネジメントにおける地域資源の活用や地域連携への関心の低さ、あるいは制度サービスへの位置づけが明確ではないことが伺える。

引用文献

阿部實（1998）『福祉改革研究』第一法規出版。
伊部英男・大森彌（1988）『明日の福祉⑤福祉における国と地方』中央法規出版。
岩田正美（2015）「『開かれた学、批判の学としての社会福祉学』とその可能性」『社会福祉学』第 55 巻第 4 号、97‐103。

右田紀久恵・井岡勉（1984）『地域福祉――いま問われているもの』ミネルヴァ書房。
右田紀久恵（2005）『自治型地域福祉の理論』ミネルヴァ書房。
大橋謙策（1976）「施設の社会化と福祉実践――老人福祉施設を中心に――」『社会福祉学』（19）、49-59。
大橋謙策（1981）「高度成長と地域福祉問題――地域福祉の主体形成と住民参加―」吉田久一編『社会福祉の形成と課題』川島書店、231-249。
大橋謙策（1985）「地域福祉計画のパラダイム」『地域福祉研究』（13）、1-11。
大橋謙策（1987）「在宅福祉サービスの構成要件と供給方法」『地域福祉活動研究』（4）、3-9。
大橋謙策（2002）「地域福祉計画とコミュニティソーシャルワーク」『ソーシャルワーク研究』28（1）4-10。
大山博（1991）「イギリスにおける社会政策・社会行政論研究の展開（1）」『社会労働研究』38（1）、177-206。
大山博（1992）「イギリスにおける社会政策・社会行政論研究の展開（2）」『社会労働研究』39（1）、86-134。
大山博・武川正吾編（1991）『社会政策と社会行政』法律文化社。
小笠原浩一・武川正吾編（2002）『福祉国家の変貌――グローバル化と分権化のなかで』東信堂。
小笠原浩一・平野方紹（2004）『社会福祉政策研究の課題――三浦理論の検証』中央法規出版。
岡田藤太郎（1998）『社会福祉学汎論――ソーシャル・ポリシーとソーシャルワーク』相川書房。
岡村重夫（1957）『社会福祉学総論』柴田書店。
岡村重夫（1974）『地域福祉論』光生館。
小田兼三（1993）『現代イギリス社会福祉研究』川島書店。
金子充（1995）「ソーシャル・アドミニストレーションの潮流と展望」社会福祉学（19）、27-74。
京極髙宣・小林良二・高橋紘士・和田敏明（1988）『福祉政策学の構築――三浦文夫氏との対論』全国社会福祉協議会。
黒木利克（1958）『日本社会事業現代化論』全国社会福祉協議会。
小松理佐子（2012）「社会福祉の政策と援助をつなぐもの」古川孝順監修社会福祉理論研究会編『社会福祉の理論と運営――社会福祉とはなにか』筒井書房、116-130。
坂田周一（1982）「研究の課題と展望」三浦文夫ほか編著『講座社会福祉3 社会福祉の政策』有斐閣、280-296
重田信一（1971）『アドミニストレーション』誠信書房。
嶋田啓一郎（1980）『社会福祉体系論』ミネルヴァ書房。
全国社会福祉協議会（1979）『在宅福祉サービスの戦略』。
全国社会福祉協議会（1984）『地域福祉計画の理論と方法』。
副田義也（2001）「書評：星野信也著『選別的普遍主義』の可能性」『社会福祉研究』第81号、101。
損保ジャパン日本興亜福祉財団 No.88「ニーズ対応型福祉サービスの開発と起業化」『福祉マネジメント研究会（座長：大橋謙策）』報告書。

高沢武司（1976）『社会福祉の管理構造』ミネルヴァ書房。
R. M. ティトマス（三浦文夫監訳）（1971）『社会福祉と社会保障——新しい福祉をめざして——』社会保障研究所。
萩野浩基編（2016）『小山剛の拓いた社会福祉』中央法規。
平岡公一（2000）「社会サービスの多元化と市場化」大山博・炭谷茂・武川正吾・平岡公一編『福祉国家への視座』ミネルヴァ書房、30 - 52。
平岡公一・杉野昭博・所道彦・鎮目真人著（2011）『社会福祉学』有斐閣。
平野隆之（2008）『地域福祉推進の理論と方法　Theory and Methods for Promotion of Community-based Welfare』有斐閣。
古川孝順（2001）『社会福祉の運営』有斐閣。
星野信也（1986）「ソーシャルアドミニストレーションの発展と現状」日本行政学会編『アドミニストレーション——その学際的研究——』ぎょうせい、63 - 98。
星野信也（1990）「イギリスにおけるソーシャルアドミニストレーション研究教育」『人文学報．社会福祉学（6）』、77 - 91。
星野信也（2000）『「選別的普遍主義」の可能性』海声社。
三浦文夫（1971）「コミュニティケアと社会福祉」『季刊社会保障研究』第 7 巻 3 号、14 - 24。
三浦文夫（1985）『増補社会福祉政策研究——社会福祉経営論ノート——』全国社会福祉協議会。
三浦文夫（1990）「地域福祉計画の今日的意義「研究報告 No.9002　地域計画と福祉計画（主査：三浦文夫）」社会保障研究所。
三浦文夫（1998）「高齢社会と社会政策」『社会政策学会 100 年社会政策叢書第 22 集』啓文社、167 - 195。
三浦文夫・右田紀久恵・大橋謙策（2003）『地域福祉の源流と創造』中央法規出版。
ノーマン・ジョンソン（青木郁夫・山本隆訳）（1993）『福祉国家のゆくえ——福祉多元主義の諸問題——』法律文化社。
吉原雅昭（1995）「英米における social policy and administration 研究の系譜と論理構造に関する一考察（その 1）」『社会問題研究』、45（1）、49 - 90。
吉原雅昭（1996）「英米における social policy and administration 研究の系譜と論理構造に関する一考察（その 2・完）」『社会問題研究』、45（2）、163 - 217。

第2章

ソーシャルアドミニストレーションの方法論
——政策社会学・福祉社会学の論議を中心に

本章では、社会福祉研究の学論的な論議を念頭に、ソーシャルワークに軸をおく社会福祉学研究の体系化に向けた諸説の検討を行う。そのなかでも、三浦文夫の社会福祉政策研究に関する副田義也の批判的論説を手がかりに、福祉社会学研究と社会福祉政策研究の関係を繙き、ソーシャルアドミニストレーション研究の構造について検討していく。また、三浦の学問的出自である社会学と、その源流に位置する福武直の研究方法に関する問題意識について検討し、三浦の社会福祉政策研究の特徴に検討を加える。さらに、ソーシャルワークと社会学の相互補完的な役割に焦点をあてたマッキーバーの論説をとりあげ、ソーシャルアドミニストレーション研究の基本的枠組みに関する論議を整理する。そのうえで、2003年に大橋謙策が問題提起した「日本学術会議」の論議をもとに、今後のソーシャルアドミニストレーション研究と社会福祉学研究のあり方に向けた問題提起を行いたい。

第1節

ソーシャルアドミニストレーションの方法的課題

1　ソーシャルアドミニストレーション研究におけるソーシャルワークの位置

　地域主権化時代の市町村社会福祉行政の権限と責任が高まるなか、複合ニーズへのアプローチに専門性をもつソーシャルワークは、ソーシャルアドミニストレーション研究の大きな課題の1つになっている。その背景には新たな社会的ニーズに関するアセスメントの枠組みの課題があり、サービス・ニーズの把握から個別支援ニーズをいかに把握するかというニーズアセスメントに関する方法自体が課題になっていることが大きい。ソーシャルワークの実践過程を通じて行われるアセスメントをぬきにして、提供するサービスの効果も政策的な有効性も担保できないというところにソー

シャルアドミニストレーションの課題があると言って良い。多様化・複合化するニーズに対して、実践科学・統合科学として実践仮説型研究の強みをもつソーシャルワーク研究は、社会福祉政策研究との位置づけについても再考が求められる。

　ソーシャルアドミニストレーション研究は、ティトマスによる福祉国家体制の確立と行政運営に関する学際的・実証的な学術分野として発展してきた。その特質は、社会実態・事実の提示による社会改良である。その発展経過並びに枠組みは、社会学による実証的な研究手法が貧困の実態を新たな事実として提示し、社会政策が解決すべき社会問題及び政策領域を形成し、必要な社会サービスを提供するというアプローチである。そのプロセスでは、新たな問題を明らかにする分析科学としての社会学が政策形成に大きな役割を果たし、多様な社会サービスが提供されることになる。日本においては、イギリスのソーシャルポリシーに関する研究は、政策社会学並びに社会政策研究が理論化に大きな貢献を果たした経緯があるが、今後、社会政策が個別化・複合化するニーズにアウトリーチを含めてどのようなアプローチで行っていくか、ソーシャルワークを軸とした問題解決過程との一体的な枠組みづくりを検討しなければならないであろう。

　現代社会のバルネラビリティに代表される問題群は、本人のもつ様々な資源の脆弱性に加えて家族問題を含めて考えれば、その「生きづらさ」の発現にも個別性が存在する。自治体の計画策定に必要な数量的な調査や定型的なサービス・ニードのアセスメントでは、その実態を適切に汲み上げ、処方箋を書き、かつ必要に応じて政策に反映するということが困難な問題が増加しているというニーズ変化の特徴を踏まえた検討が必要である。社会学による定量的な問題把握からのアプローチに加えて、ソーシャルワーク実践による個別支援過程への関わりを通して把握される定性的なニーズを踏まえ、新たに必要となるフォーマル、インフォーマルな地域資源を開発していくようなサービス開発と政策化への視点が求められる。

　社会福祉研究は、「社会学とソーシャルワーク」による臨床的な問題把握から、「自治体の福祉政策の形成」に至るボトムアップ型のリサーチ＆ディベロップメントの研究構造を、改めて再構築することを迫られている。

それは、市町村を基盤にした地域包括支援体制の運営レベルにおいて、ニーズを起点にしたサービス開発や政策形成をソーシャルワークによる個別支援を軸に展開する実践枠組みとなる。例えば、単身化社会で、在宅の独居高齢者の地域生活をどう支えるかは、いわゆる地域包括ケアシステムの構築とその運営を地域実情に合わせて調整していくソーシャルワーク機能がサービスシステム化されていなければ、地域包括ケアは抽象的なケア政策で終わってしまいかねない。ケアマネジャーで良いではないかという論議があることも承知しているが、地域包括ケア政策で描く広範な社会資源をつなぎあわせていく機能は、ケアマネジャーで担いきれるものではない。まして、ケアマネジャーは、日常生活圏域の個別ニーズの調査状況に応じて、介護保険以外の地域資源をコーディネートしたり、必要に応じて関係機関に働きかけながら、フォーマル・インフォーマルな資源を開発、施策化するような政策形成機能までを担う専門的な教育訓練を十分に受けているわけではないのが現状であろう。地域包括ケアは、ソーシャルワーク機能による問題解決への関わりと、その解決過程から見えてきた地域課題を同時に解決するなかで、地域コミュニティの形成を進めていくという大きな政策的枠組みである。そのような視点と方法により、地域コミュニティの形成を含めた地域包括ケア政策が設定した政策目的が達成されるという認識が必要であり、そのプロセスにおけるソーシャルワーク実践の役割は、潜在的ニーズと変化するニーズに対して感度の高いアンテナとならなければならない。地域に存在する個別問題の構造的理解と、個別問題の解決を起点にした地域コミュニティづくりを同時に進めていかなければならない点を踏まえれば、ソーシャルワークの役割と政策における位置づけは、ますます重要なものとなる。このような認識を説明体系・実践体系とするのがソーシャルワーク研究と社会福祉政策研究を横断するソーシャルアドミニストレーション研究の課題であり、その解決に向けては社会福祉学研究の枠組みづくり自体を再考する余地があると言わざるを得ない。

　それは、ソーシャルアドミニストレーション研究の基本構造そのものと言える。例えば、ソーシャルアドミニストレーション研究が目指してきた社会実態の把握と社会改良にとって、現代的課題の1つにあげられるは地

域包括ケアであろう。その地域包括ケアでは、国レベルの政策策定もさることながら、その構築と運用では市町村社会福祉行政がソーシャルワーク機能をどう配置し、日常生活圏域に問題解決に向けたサービスシステム化するか、ソーシャルアドミニストレーションの大きな課題となっていると言っても過言ではない。実践科学・統合科学としての社会福祉学研究に位置づけられるソーシャルワーク機能とは、問題解決に向けた「アセスメント」と「介入」、「問題の再発見」のプロセスからなる、動態的なマネジメント過程である認識をより強くもつことが重要である。その点を踏まえればソーシャルワーク機能は、個別問題を解決する過程で、問題の分析に終わらず、いかに地域資源を開発していけるか、地域コミュニティづくりからまちづくりまで推進していけるかが問われる。今後のソーシャルアドミニストレーション研究の焦点並びに社会福祉学研究に求められるのは、第1に「問題発見・解決の実践科学」、第2に「社会学・ソーシャルワーク・政策科学からなる統合科学」、第3に地域主権化時代の市町村のまちづくりを構想する「要援護問題の解決から住民自治・まちづくりまでを理論的枠組みにもつ総合科学」という視座である。

2　「問題解決の学」としての社会福祉研究の論理

　日本の社会福祉研究においても、社会福祉学研究における政策・法制度研究とソーシャルワークを一体的に展開することに最も高い関心を示し、その重要性を説いた研究者には仲村優一がいる。
　仲村は社会福祉とソーシャルワークについて、制度体系としての社会福祉の枠組みで展開する社会福祉方法論であるとして、ソーシャルワークと制度としての社会福祉は相互規定的な関係について論及している（仲村1999）。その仲村の問題意識を社会福祉研究の立場で最も継承しているのは大橋であろう。大橋の社会福祉研究に関する論議の大きな問題提起としては、自身が日本社会福祉学会会長並びに日本学術会議会員の際に、日本学術会議（2003）『新しい学術の体系――社会のための学術と文理の融合』で展開されることになる。大橋は、社会福祉研究における学論的論議

図表 2 - 1 社会福祉学の性格と構造

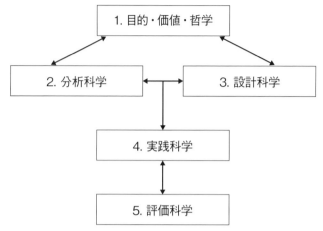

出所:大橋謙策配布資料より引用

について、分析科学と設計科学によるバランスが重要であることを指摘し、社会福祉学のディシプリン的側面を実践科学及び設計科学に求めるべきとの重要な指摘をしている【図表 2 - 1】。その問題意識については、社会福祉学研究における「社会福祉制度・政策研究」と「社会福祉方法・実践技術研究」に関する乖離問題としてとりあげ、その解決は地域福祉計画に関する研究に求めるとしている（大橋2004）[1]。例えば、2000年の社会福祉法の改称・改正による地域福祉計画の策定による地域自立生活支援では、ソーシャルワークの視点からの計画づくりが重要になることを述べている（大橋2002）[2]。

　一方、社会福祉政策研究と社会福祉援助技術研究を区別し、二元論的な科学認識を示したのは三浦である。三浦の社会福祉政策研究に改めて着目してみると、社会福祉政策の目的を日本の実定法に則して限定し、社会福祉概念を実体概念化している点は、いわゆるイギリス型の所得・医療・教育・住居・雇用からなるイギリスの政策体系を日本で理論化しようとするソーシャルポリシーとは、一線を画す政策枠組みであるという点は強調しておかなければならない[3]。さらに、コミュニティケアと福祉コミュニテ

ィの形成を総合的に捉えている点、そして要援護者を基軸にソーシャルワークへの視野が理論的には開かれている点[4]を指摘して、地域福祉・ソーシャルワークへの架橋を強く展望するソーシャルアドミニストレーション研究だったといえよう[5]。三浦は、政策研究と援助技術研究を二元論的に区別したものの、社会福祉学研究を1つの理論的枠組みとして構想していこうとする際に、その立脚点は実践科学としての要援護者（問題）に求めようとする視座は大橋と共通している。三浦と大橋における政策形成・援助実践の展開・発展は、いかに社会福祉問題を解決できるかに主眼をおく実践科学的かつ政策工学的なアプローチによる研究視座と言える。その研究スタイルへの批判は、総じて機能主義に徹したその研究スタイルに向けられた指摘が多く、体系化・理論化という点に対する課題もある。しかしながら、社会福祉の目的を自立とソーシャルインクルージョン（社会的包摂）におき[6]、個別支援にはソーシャルワークを方法論に、その個別問題の解決を通して包摂型社会を形成するという理論枠組みは、社会政策や福祉社会学等にみる隣接領域には認めることができない機能主義にもとづいた問題解決型の実践科学・統合科学としての論理構造をもつ社会福祉学研究と言える。

　今後、地域主権化の進む市町村社会福祉行政において、地域包括ケアシステムの構築と運営は、地域性を踏まえた政策化が大きな課題となる。市町村レベルの個別具体的な要援護者が抱える問題にどう関与していくか、そしてその問題解決という実践を媒介し、理論化できるかが社会福祉学研究の学術的な存立に関わる問題となる。とりわけ経済学、社会学等では果たし得ない実践科学としての側面は、要援護者の「個別の生きづらさ」に焦点をあてたアセスメントに関して、いかにその社会生活を構造化して捉える視点をもてるか、またそのなかでいかに地域文化的側面にも配慮し社会的な生活課題を分節化できるかにかかっていると言っても過言ではない。それはソーシャルワークのアセスメント問題に帰着する。そのようなアセスメントに立脚した問題解決のプロセスから、地域資源を創造しかつ仕組みとして構築していけるか。実践科学・統合科学としての社会福祉学研究には、市町村レベルの問題解決のプロセスで、住民自治の形成やエンパワ

メントを図りながら政策形成につなげていくような方法論までを理論化できるか、そのような学論的論議を基盤に他分野と政策形成に関する論議を行っていけるかという点が重要になろう。その点を踏まえれば、これまでのイギリス型のソーシャルアドミニストレーション研究の理論的な展開を学んだ時代から、日本の社会福祉政策・ソーシャルワークの実践をもとに、実践理論的な社会福祉学の枠組みを構築していくことが求められる時代になったと言える。

第2節

ソーシャルアドミニストレーション研究の構造
——三浦理論への副田の論説

1　ソーシャルアドミニストレーション研究に対する社会学的評価

　ソーシャルアドミニストレーション研究を繙くうえで、三浦理論に焦点をあて、副田の論説を手がかりに検討する。

　三浦の社会福祉政策研究は、戦後社会福祉研究が本質論争に終始するなか、1980年代の政策形成に果たした役割は大きく、政策科学研究としての評価を得た。その理論枠組みは、イギリスのソーシャルアドミニストレーション研究の社会改良志向並びに実証主義をとり入れた実態解明と問題提示を通じた研究視座であり、日本の社会福祉法制に限定した論理構造をもつと言えよう。その意味で、三浦の社会福祉政策研究は、「問題解決の学問」としての社会福祉研究の性格を強く特徴づける問題提起になったと言えよう。副田は、三浦の社会福祉政策研究の評価として、社会福祉政策研究におけるそれまでの本質論と技術論の双方に対して「社会工学的有効性」という新たな価値基準を提示したという評価をしている（副田2004）。副田による三浦の社会福祉政策研究の評価の1つに数えられる「社会工学的有効性」は、国及び地方自治体の各種審議会における政策提言等での卓

越した実績がその評価としてあげられる。それは、従来の社会福祉政策研究には欠落していた実際の政策・計画策定過程への関わり及び影響力という点に求められる。その点に関して、副田は三浦の学問的出自との関係から、社会学研究と社会福祉学研究について双方からの評価を行っており、それまでの社会福祉研究には認められない「機能主義」にもとづいた「政策科学」としての三浦の政策研究の特質について言及している。その主たるポイントを3つあげておく。

　まず、第1に「徹底した機能主義」をあげ、副田は三浦が政策を論じながら「権力」を論じないことを1つの研究的な選択と理解を示しつつも社会学の立場からは批判的に論じている。社会学の学問的性格が「暴露」にあるということからして、三浦の機能主義的な政策技術論に徹した政策論は、国という主体の権力機構としての側面を捨象していることへの批判である。

　第2に、三浦のニーズ概念は、社会学者マートンの「社会問題」の定義とほぼ同義であることを指摘し、「それならば、ニードといわず社会問題と言っても構わない。少なくともマートン流に言えば、これは社会問題である」と述べている（副田 1988：66－67）。またニーズ概念自体が「目標なり基準」に大きく依存する定義となっており、そのことは権利問題につながっていくことも合わせて指摘する（副田 1988：67）。さらに、三浦の社会保障と社会福祉に対する価値規範的なスタンスについて触れ、三浦が普遍主義に偏愛傾向があることを指摘し、価値中立的にみることを求めている点（副田 1988：68）などがあげられる。

　第3に、三浦理論のもつ「規範性」と、そこで終わらない実証的な政策形成について言及している。この点に、「社会工学的有効性」という社会福祉政策研究の新たな評価基準を構築したという副田のポジティブな評価があてはまる。三浦理論を評価する場合に、政策科学及びソーシャル・エンジニアリングという観点からの評価が伴うことの1つの側面を看守することができる。

2 ソーシャルアドミニストレーション研究の社会学的側面

　ソーシャルアドミニストレーション研究の構造を明らかにしていく上で、社会学及び福祉社会学の論説を検討しておく必要がある。ソーシャルアドミニストレーション研究は、政策運営論の側面が強調される場合は、政策提言並びに政策化という「つくる」側面の論議が中心となる。その起点には社会的改良につながる社会問題の発見があり、貧困等の実態を「明らかにする」という実証的な分析過程が前提として存在する。これまでのイギリスをはじめとするソーシャルアドミニストレーション研究の発展が、社会的問題の発見とその構造要因を明らかにしてきたという研究史的な事実からも社会学における分析科学の側面をもつことを理解することができる。また、ソーシャルアドミニストレーションが、主として社会サービスと関連する組織に関する研究だという点を踏まえれば、政策化と社会サービス並びに組織の運営は分かち難く、一体的に扱わざるを得ない構造的な面をもつ点を理解しなければならない。社会学の分析科学的な側面、そして政策科学の設計科学的な側面という2つの科学的視座をあわせ持つ点に、ソーシャルアドミニストレーション研究の特徴があることを、改めてソーシャルアドミニストレーション研究の実践的構造として捉えておく必要がある。

　さて、ソーシャルアドミニストレーション研究の構造を明らかにしていく上で、社会学研究の視点から社会福祉を分析対象として、福祉社会学として体系化したのは副田であろう。副田は、福祉社会学は、社会福祉を対象とする社会学研究であるとして、その位置づけをめぐっては、マンハイムの社会学の構成に準拠しながら、一般社会学と連字府社会学と文化社会学のなかにおける「連字符社会学」として位置づけている（副田2004）。「連字符社会学」として位置づけられる福祉社会学は、文字通り「社会福祉」を1つの研究領域として、社会学研究の視点と方法によって、主として社会福祉制度を中心とする体制と構造を明らかにしていく研究ということになる。その最大の特徴は、社会科学で「隠蔽」されがちな社会事象の「社会的立脚点」を明らかにすることを通して、社会的事実を「暴露」す

ることにあると指摘し、「社会学以外の社会科学は、研究対象の背後にあるいくつかの事実について『隠蔽』する。例えば、法学は、法規範を研究対象とするが、実際上の立法者や現実の訴訟手続などを隠蔽する。知識社会学はこれらの虚偽または誤った解釈を暴露するのだが、その際の有力な方法は理論の『社会的立脚点』を明らかにすることである」と述べる（副田 2004）。このように、副田は社会学を関連諸科学と相対化し、その特徴として社会学における対象理解の視座をあげ、理論社会学及び実証的社会学を問わず「理解する」ための分析科学としての側面をあげている[7]。

その一方で、社会学の「つくる」という側面にも光をあて、社会福祉との相互関係について、「福祉社会学は、社会福祉について理解し、批判し、提案すると述べ、そのなかで理解することを最も重視する」という視点について述べている。そして、社会福祉と福祉社会学の関係について「社会福祉学は実践のための科学であると言われている。福祉社会学の任務のなかには理解と並んで批判と提案が入っており、後二者は実践のためと捉え直してみれば、社会福祉学にたいして福祉社会学には共通する部分がある」のように述べている点は（副田 2004）、副田の福祉社会学の体系化に向けた基本的認識であったと考える。

その副田の基本的視座は、福祉社会学の内実を実質的に規定した研究としてR.M.マッキーヴァー『社会学の社会事業の貢献』（1931）をあげている点に求めることができる[8]。そのR.M.マッキーヴァー（1931）の社会学とソーシャルワークの基本的視座は、「社会学は『一般化』を目指す科学であり、ソーシャルワークは『個別化』を目指すアートであると規定したうえで、社会学者とソーシャルワーカーが互いに相手に対してどのような貢献ができるかを論じたもの」という基本的視座を明らかにしている。さらに「社会学は社会改良の原理や個人的不適応の概念を明らかにしてソーシャルワーカーのために役立ち、ソーシャルワーカーは社会的因果関係に照明をあてて、実験をできない社会学者を援助するなどという」という記述を引用・紹介している（MacIver=1931）。さらに、マッキーバーは『ソーシャルワークと社会学』のなかで、ソーシャルワークと社会学との協同について3つの方法をあげており、第1に社会的状況の分類化、第

2に社会学の数量データとソーシャルワークの観察データが相互補完関係であること、第3に仮説検証型の役割分担ができることをあげている（MacIver=1931：82-85）。この点は、社会福祉研究の発展にとって、分析科学としての社会学による精緻な機能的・構造的な対象把握と、実践科学としての強みをもつソーシャルワークによる実践仮説の検証プロセスを通した、問題解決の視座をもつことが重要であるという指摘だと考える。今後の社会福祉研究から社会福祉学研究への進展を考える上では、この論議における分析科学と設計科学を相互補完関係で捉え、かつ政策科学とソーシャルワーク実践を1つの実践体系からなる研究枠組みとして捉えていくことが何よりも重要な視点となろう。

　福祉社会学が実証的理論としてのバランスを欠かなければ、社会福祉と福祉社会学は有用な学術分野として、相互の発展の可能性が開けてくる。これまでの副田の三浦の政策研究に対するコメントを手がかりに、改めて社会福祉学と社会学の相互補完的な関係を構築するうえでの視点について論点を整理しておきたい。

　第1に、ソーシャルワークを軸とする機能主義的・実践科学的な研究に軸をおく社会福祉研究に対して、構造主義的・分析科学的な福祉社会学が、社会実態の解明をもとにした批判的視座から、権力構造や体制構造に接近していくことである[9]。さらにソーシャルワークがもつ実践性により可能になる実証化は社会学を相互に補完しうる関係であるとし、相互発展にむけた連携に言及している。

　第2には、ソーシャルワーク実践との有機的な研究連携から、ソーシャルワーク実践を経由させることで明らかになる個別具体的な実践課題をうけて、さらに社会構造の実態的解明を目指すような分析的研究が希求される。また、社会福祉政策について、政策・制度解説的な社会福祉政策並びに地域福祉研究への批判的視座からの問題提起も社会学には求められる。

　第3は、全体論的視座からの接近（実践主義への偏向に対する批判的思考）である。個別具体的な実践的研究を学論的に孤立させることなく、制度を中心にした社会の全体構造へと位置づけていくような福祉社会学研究が待たれる。むろん、そのような援助実践に関する社会福祉理論あるいは

地域福祉論への位置づけをめぐる、有機化・理論化という研究方法論的な課題が社会福祉研究にも求められる。

第3節

ソーシャルアドミニストレーション研究の源流と展開
──政策社会学と福祉社会学の視座

1　社会学と政策社会学──福武直の系譜

　ここでは、ソーシャルアドミニストレーション研究の方法を論及するうえで、三浦の社会福祉政策の学問的出自となっている社会学の源流に位置する福武直の論説について検討していくことにする。周知のごとく福武は、日本を代表する農村社会学者でありながら社会保障問題研究所の所長や中央社会福祉審議会の委員長も務めるなど、1940年代からの社会学研究で1つの学派を形成したのみならず、1980年代中頃の政策社会学並びに社会政策の研究並びに1980年代の社会福祉改革にも、少なからず影響を与えたといってよい。福武が社会学研究の方法論的課題とした、その基本的な問題意識について検討し、三浦を起点にしたソーシャルアドミニストレーション研究の方法論的な課題について整理する。

　福武は、社会学の「方法」に関する反省として、アメリカ実証主義的社会学に学ぶところがあることを率直に述べている。そして、社会学における2つの方法、すなわちドイツの「哲学的社会学」とアメリカの「実証的社会学」が、相互に補充し合うことによってそれぞれの機能が完全に果たされることを十分に認識し、両者の調整をはからなければならないのである、と述べている（福武 1975：24 - 25）。また、アメリカの実証主義的社会学をマンハイムの次のような言説を要約的に述べながら特徴づけており、「社会学が社会を改造し再組織するために役立つべきならば、全体的な関連のもとに広い理論的視野からこれらの問題も捉えられなければならない。

しかるに、末梢的事実の単なる興味本位の蒐集からはこのことは出てこないのである」とする（福武 1975：23）。

このような福武の社会学研究における方法論に関する率直な問題意識は、少なからず三浦の社会福祉政策研究における政策科学的な特徴やその後の新たな社会学研究をベースにした政策社会学並びに福祉社会学の展開へと影響を及ぼしたと考えるのが妥当ではないだろうか（福武 1948；1949、武川 1985；2009、平岡 1985；2011）。

例えば、三浦の社会福祉政策研究における政策科学としての特徴は、社会学の実証科学的な方法を用いて多くの社会福祉政策の形成に寄与していることはよく知られている。ゆえに、三浦の社会福祉政策研究は社会工学的という実際の政策問題への関与を特徴として評価されることになるのだが、そのことは従来の本質論に終始する学論的な社会福祉研究に、実証科学・実践科学としての方法論を採用した。それは、福武の言うところのアメリカ社会学研究の実証主義的な研究を重視しようとする問題意識や、社会学の方法を学論的論議に限定することなく、具体的な観察・記録の分析・測定等の研究方法を用いることで社会の実態を把握していこうとする研究思考・態度と符合する。副田が指摘するように、三浦の社会福祉政策論は、社会福祉の変革期における政策動向を良くフォローしつつ、半歩先を行くような理論展開をみせている点で、従来の本質論に見られる規範科学的な政策論とは異質であり、それらを大きく乗り越えるような実証的な社会福祉政策研究であったことを指摘している（副田 2004）[10]。

このような三浦の社会福祉政策研究の特徴は、三浦自身の言葉を斟酌すれば、自ら社会保障人口問題研究所に所属し、現実的な政策形成に関わらざるを得ない立場であったことも影響していようし、理論的・学究的な課題があることを承知のうえであったことを述懐している[11]。しかし、三浦の社会学における学問的出自である福武が 1940 年代に社会学方法に関する課題について、アメリカ型の実証主義を重視する社会学研究のあり方に大いに今後の社会学の課題を認識していたことを踏まえれば、三浦が福武の問題意識を共有し、その方法論的課題を新たな社会福祉政策研究に積極的に採用していったと言えるのではないか。三浦の社会福祉政策論の特徴

の1つとして位置づけられる社会学の実証科学的な研究手続きは、社会福祉政策論における1つの社会学的な側面をよく映し出している。

　一方で、社会学研究を基盤に、社会政策・社会行政論へと研究を進展させた社会政策研究者には、武川正吾と平岡公一がいる。副田は、2003年の福祉社会学会の創設の記念講演で、社会保障人口問題研究所が刊行する論文集である1985年の『福祉政策の基本問題』及び1989年の『社会政策の社会学』を議論の俎上にのせ、平岡と武川等の一連の政策志向の社会学の論文ラインナップと内容から、福祉社会学研究の確立への確信を深めたことを述べている（副田2004）。ここで1つ指摘しておきたいのは、福武学派を出自とする社会学は実証的かつ政策科学的なスタイルをもつ三浦の社会福祉政策研究へと進展したのに対して、社会保障人口問題研究所の次世代に位置する武川・平岡らは、生産体系から理解される労働経済学を中心として発展してきた社会政策を、いわゆるイギリス型の分配・再分配型のソーシャルポリシーへの転換を主張した。その研究では、社会政策を社会学的に解明すること、またイギリス・モデルの社会政策・社会行政論の体系的整理、日本の社会福祉政策の実態解明という手順で進展させる重要な問題提起を行っている。その分析的・体系的整理には社会学的精緻さが存分に発揮されている。その後の、社会政策研究は、武川や平岡らを中心にイギリスのソーシャルポリシー論をもとにした家族・ジェンダー論や住宅政策を含む幅広い論点へとウィングを広げ、社会政策・社会行政論並びに福祉社会学研究の理論化・体系化へと進展した。例えば、平岡は福祉分野を研究対象とする社会学に関する研究レビューのなかで、「『社会政策の社会学』の理論枠組み」について言及し、主たる研究者として副田、武川、平岡の3名をあげている。そのうえで、「社会政策の社会学」を「福祉社会学」と置き換えている（平岡2010：210‐211）。

　社会学を出自とする社会福祉政策研究と社会政策研究という2つの発展をみてきたが、日本の社会福祉研究では、前者の日本に限定したソーシャルアドミニストレーション研究とイギリスのソーシャルポリシー研究に軸をおく社会政策研究が、いわば混在する形で構成されていることが、学術的背景と理論的な発展過程から知ることができる。あえて三浦のソーシャ

ルアドミニストレーション研究との違いをあげるとすれば、第1に、三浦はイギリス・ソーシャルポリシーに学びつつも社会福祉概念を限定化して捉えていること、すなわち日本の社会福祉六法を中心とした社会福祉事業の管理運営に関する研究という立場から、欧米における社会福祉を目的概念とする社会政策体系をそのまま日本の社会福祉政策研究には応用しようとしなかった点である。第2に、国レベルの政策形成を図る場合に、まず地方自治体での実証過程を研究手続きとして踏み、政策化に向けた課題を析出しているということがあげられる。第3に、1980年代に進められた社会福祉改革への関与と政策化の実績などから特徴づけられよう。上記にあげた、政策志向の社会学及び社会政策研究は、欧米の社会政策理論を枠組みに社会政策の理論化並びに社会福祉政策の理論的研究へと進展したが、地方自治体を基盤として社会福祉サービスの展開、そのなかでも地域福祉実践やソーシャルワーク研究との接合においては、課題も残したことも事実としてあろう。実際の社会福祉政策の形成過程への参画や政策化過程、実際の社会福祉問題解決への寄与という面では、実践科学的なソーシャルワークとの実践枠組みの構築を通して、相互発展することが学術的かつ社会的にも求められている。

2　福祉社会学の視座——マッキーバーと副田の論説

　ソーシャルワークと社会学、また福祉社会学は相互補完的な研究発展を遂げてきているのか、マッキーバーの『ソーシャルワークと社会学』は古典でありながらも、社会福祉研究と隣接研究領域に関する多くの示唆深い記述を記している。その著書の基本的枠組みを検討しつつ、副田の福祉社会学における問題意識を検討しておきたい。
　マッキーバーの著書における社会福祉と社会学を結ぶ基本的な枠組みを目次構成でみると、第1章「社会科学とソーシャルワークというアート」、第2章「社会学と社会改良の原理」、第3章「個人的不適応の概念」、第4章「社会進歩のソーシャルワーカーへの挑戦」、第5章「ソーシャルワーカーが社会学の貢献するもの」という構成になっている。そのなか

で、第1章の冒頭の枢要をあげれば、第1に、「社会学とソーシャルワークは、機能、動機、目標が異なる」という点をあげていること、第2にアート（ソーシャルワーク）は個別化し、科学（社会学）は一般化するとして、ソーシャルワークと社会学それぞれが果たすべき役割をもっている点に言及していること、さらに両者とも他方の役割を果たすことはできないが、相互が強みを発揮することで相互発展できるということを述べている（MacIver=1931：82 - 100）。

　副田の福祉社会学を実質的に規定するのは、このマッキーバーの視座であることは副田自身が2003年の福祉社会学会創設の基調講演で述べている。このような論点を踏まえれば、ソーシャルワーク研究と福祉社会学の双方からもっと深めていくべき課題は多い。コミュニティソーシャルワークやソーシャルワーク分野への福祉社会学的な関心は高いとは言えず課題となっているのが現状であろう。例えば、平岡は福祉社会学研究の課題をいくつかあげるなかで、社会福祉援助実践と臨床社会学の研究交流の動向に言及し、臨床社会学の社会構成主義のアプローチ等をもっと社会福祉援助実践に関わる専門職や研究者に関心を喚起し、研究交流が拡大することに期待を表明している（平岡 2010：223 - 225）。

　副田が述べる社会学研究における権力への視座は、社会福祉研究を問題解決の学として構想する場合も、その研究成果が待たれるところであるし、研究関心を共有していくべき領域となろう。市町村を基盤に推進を図る地域包括支援体制の構築では、国レベルの法制化・政策化をどう運営していくかは、地方自治体と社会福祉行政が実施主体として運営の鍵を握る。その際、関連する計画策定には、多様な政策資源が配置されることになるが、地方議会から行政の組織機構の編成に至る運営過程に切り込むような権力分布の偏向等に関する社会学の分析的な研究は、社会福祉政策を地方自治体レベルで強く推進するためには重要な意味をもつ研究になると考える。しかし、その後の福祉社会学の研究展開について言えば、福祉国家論から地方自治・社会福祉行政の政策形成過程や地方行政組織の権力構造に切り込むようなソーシャルワーク研究と福祉社会学の実践的・実証的な共同研究への進展はそれぞれの研究分野における課題になっている。

第 4 節

まとめ・結論
──ソーシャルアドミニストレーションと社会福祉学研究

　日本のソーシャルアドミニストレーション研究における方法論に関する論説の検討から、ソーシャルアドミニストレーション研究の進展は、社会福祉政策研究の理論化を経て、政策・援助実践研究を一体的に捉える社会福祉学研究の枠組みの理論化・体系化が課題となっている点に言及した。ソーシャルアドミニストレーション研究が社会改良を目的としてきた事実を踏まえても、時代を超えて、ある改善すべき社会実態にどう接近し、社会的事実としていかに問題点を提示できるかが、その理論的枠組みとなる。

　福祉国家運営において大きな発展をみせたソーシャルアドミニストレーション研究では、いわばマクロ・レベルの社会実態・社会問題へのアプローチにより、重要な社会問題が数量的に明らかにされ、福祉国家に最大の価値をおく政策形成に大きな役割を果たしてきた。しかし、近年のバルネラビリティに代表される社会問題は、個別的状況が幾重にも重なる社会的な構造問題として把握されなければならならない。単身化社会という大きな社会変動により、人生における孤独・孤立は不可避であり、常態化しているとも言える。年老いるなか、周囲の余程の支援がなければ現代の社会生活に技術的についていくことは難しい。当事者への接近と接点をソーシャルワークにより確保しながら、問題解決を図りかつ新たなニーズの発見と地域資源を結びつけていくようなソーシャルワークのシステム化が、大きな課題となることは必然的である。ソーシャルワーク実践による問題発見から政策を形成するような市町村社会福祉行政によるイニシアティブがなければ、市町村レベルで具体的に見えてくる、新たな、個別的な生活問題に対応していくことは、もはやできない。地域主権化時代には、市町村

レベルでソーシャルワークを軸にした制度化・システム化を推進する新たな社会福祉行政が展開されなければならない。その鍵になるのが、市町村レベルでソーシャルワークと社会福祉政策を往還する理論枠組みとなる社会福祉学研究であり、その基本的な視座はソーシャルアドミニストレーション研究の発展過程にも見いだすことができる。先に述べてきたように、福祉社会学によるソーシャルワークへの問題の提示とソーシャルワーク実践からの実践仮説の提示と検証のプロセスを同時に進めていくような社会福祉学の学術的な枠組みが一層求められることになる。

社会福祉学研究におけるソーシャルワークの理論的な位置づけについては、個別ニーズ把握の入り口として重要になる。その上で、ニーズのアセスメントにより、ソーシャルサポートネットワークの形成やニーズを起点にしたサービス開発並びに地域コミュニティづくりまでを視座としてもつ、実践科学・統合科学としての理論枠組みであることが重要である。このような問題意識をもつ社会福祉学研究における理論的な最前線は、コミュニティソーシャルワークということになる。ソーシャルアドミニストレーション研究並びに社会福祉学研究のあり方に関する論議は、この点をもっと強く意識しなければならない。そうでなければ、所得、医療・保健、労働・雇用、住居、生活支援等の生活保障に関する関係分野との協働で包括的な問題解決の枠組みを創造していくことに強みをもつ社会福祉学研究のアイデンティティは明確化され得ない。

本章では、ソーシャルアドミニストレーション研究の方法論をめぐり、社会福祉学研究の課題を論及した。社会福祉学研究の全体を論じることは今後の課題になるが、少なくとも小論を通して社会福祉学研究のあり方を考えるうえで、これまでのソーシャルアドミニストレーション研究の視点と方法が中核的な論議になることを確認できたと考える。星野信也は、「強いてソーシャルアドミニストレーションの対応を求めれば、むしろわが国で広く『社会福祉学』と呼ばれる学問分野がそれにあたるというべきであろう」と述べるように[12]、ソーシャルアドミニストレーションが有するニーズ把握から実証的なプロセスを経ての政策・計画の行政的な運営の枠組みまでがもつ理論構造からは、問題解決に主眼をもつ実践科学・統合

科学を目指す社会福祉学研究の枠組みそのものと言える。今後、政策横断的な行政運営や多職種協働が進むなか、隣接領域に対する「固有性」を主張できるのか、学論的な論議が深められなければならない。

注

1）この点については、2007年に開催された「座談会：混迷する人びとの暮らしと社会福祉実践・研究の未来」でも述べている。その主旨は、イギリスのパーソナルソーシャルサービスの再解釈から、ソーシャルワークを媒介にした主体的側面に光をあて、社会福祉研究を再検討すべきであるという主張である。

2）大橋は、その後2005年の論文である「わが国におけるソーシャルワークの理論化を求めて」では、「政策・援助」研究の統合化と社会福祉研究における同様の問題意識をもつ先行研究として岡村重夫をはじめ、黒木利克や嶋田啓一郎、仲村優一を学説史的にあげ、ソーシャルワークを軸とする社会福祉学研究の必要性について論及している（大橋2005）。また、「政策論」と「援助論」を「運営論」により統合しようとする研究を積極的に論じているのは古川孝順である（古川2001；2012）。

3）この三浦の社会福祉経営論には、従来の政策論における日本的な本質論争から距離をとり、政策科学的アプローチにより問題解決の体系として理論化している点、また英米のソーシャル・ポリシー研究を大いに理論的に学びながらも、憲法から社会福祉事業法をはじめとする実定法の条文までを検討し、「自立」と「社会統合」を社会福祉政策の目指す目的として限定的に捉えている。

4）三浦は、ニーディからニード論への転換を図り、施設サービスと在宅福祉サービスからなるサービス体系化の転換を図った。しかし、それはソーシャルワークによる個別支援が不要になることを意味するものではない。

5）小笠原浩一（2004）は、三浦の地域福祉政策構想では、「社会福祉経営論」は部分構想であったのではないかという結論を述べている。

6）三浦は、社会福祉政策の目的として「自立」に加えて「社会的統合」をあげている。三浦の社会福祉政策論における社会的統合という政策目的については、昨今の社会福祉政策の文脈に即して言えば、「社会的包摂」という政策概念に置き換えて差し支えないと考える。一方、大橋は価値及び目的論には、博愛及び連帯を据えながら、多様な参加への機会を創出することと主体形成・公民形成を図ろうとする実践的視座を有している。

7）これに対して、副田は社会学の「つくる」という側面について言及し、西欧的合理性に基礎づけられた「社会改良志向」の社会学が存在することを同時に述べている。先にあげた社会学と諸科学との対象及びアプローチの相違については、諸科学の研究におけるある種の「隠蔽」が生じるという側面に対して、社会学の「暴露者」であるという視座をとりあげ、さらに社会学における社会改良志向の視座から「唱導者」という役割があることを述べるとともに、その両義性について言及している。その1つの例として、社会学の政治的利用をあげ「テクノクラシー的用法」

と「イデオロギー的用法」を指摘している。前者は「社会工学」に奉仕する技術的知識とし理解され、システム論的なモジュール理解となり、対人援助においては不可避な「実存的な課題」等は捨象されることになり、事物の本質的理解には到達し得ないとする。この社会学研究の方法に関する指摘は、三浦理論の1つの特徴を示唆するものと考える。

8) 副田は著作タイトル The contribution of sociology to social work の邦訳、『ソーシャルワークと社会学』に関して、その翻訳者を痛烈に批判している。なお福祉社会学者として、マッキーバーの問題意識を積極的に論じているのは、山手茂である（山手 2003）。

9) 岩田は、一番ケ瀬社会福祉学の分析から、社会福祉学成立の条件を検討し、「開かれた学」、「批判の学」、「実用化の志向を持った学」、「対抗の学」等の視座について論及している（岩田 2015：100 - 101）。

10) 例えば、三浦は、2011年11月16日に開催された大橋と右田、永田幹夫との会談において、三浦の東京都における三相計画や全社協の「在宅福祉サービスの戦略」への関わり並びに研究手法に関する指摘については、理論化に向けて実証的プロセスを踏むことは、社会学では当たり前の研究手続きであるとしている（三浦 2003：64 - 65）。

11) 京極髙宣・小林良二・高橋紘士・和田敏明（1988）『福祉政策学の構築──三浦文夫氏との対論』全国社会福祉協議会、pp.90 - 91。

12) そのほか、星野は、イギリスの状況を指して、社会福祉行政論（1977）、社会福祉行政学（1986）という用いかたをしている。

引用文献

岩田正美（2015）「『開かれた学、批判の学としての社会福祉学』とその可能性」『社会福祉学』第 55 巻第 4 号、97 - 103。

岩田正美（2016）『社会福祉のトポス：社会福祉の新たな解釈を求めて』有斐閣。

大橋謙策（2002）「地域福祉計画とコミュニティソーシャルワーク」『ソーシャルワーク研究』28（1）、4 - 10。

大橋謙策（2004）「『統合科学』としての社会福祉学研究と地域福祉の時代」日本社会福祉　学会編『社会福祉学研究の 50 年──日本社会福祉学会のあゆみ──』ミネルヴァ書房、63 - 83。

大橋謙策（2005）「わが国におけるソーシャルワークの理論化を求めて」『ソーシャルワーク研究』31（1）、4 - 19。

大橋謙策・高橋重宏・米本秀仁・山崎美貴子（2007）「座談会：混迷する人びとの暮らしと社会福祉実践・研究の未来」社会福祉研究第 100 号。

小笠原浩一・平野方昭（2004）『社会福祉政策研究の課題──三浦理論の検証』中央法規。

京極髙宣・小林良二・高橋紘士・和田敏明（1988）『福祉政策学の構築　三浦文夫氏との対論』全国社会福祉協議会。

社会保障研究所（1985）『福祉政策の基本問題』東京大学出版会。
社会保障研究所（1989）『社会政策の社会学』東京大学出版会。
副田義也（1986）「書評・三浦文夫著『社会福祉政策研究――社会福祉経営論ノート』」全国社会福祉協議会『月刊福祉』124‐125。
副田義也（1988）「セッションⅠ討論」、京極髙宣他編『福祉政策学の構築』、全国社会福祉協議会、64‐70。
副田義也（2004）「福祉社会学の課題と方法」、福祉社会学会第1回大会記念講演『福祉社会学研究1』福祉社会学会、2004年、5‐29。
副田義也（2008）『福祉社会学宣言』岩波書店。
武川正吾（1985）「労働経済から社会政策へ」社会保障研究所編 『福祉政策の基本問題』東京大学出版会、3‐32。
武川正吾（2009）『社会政策の社会学』ミネルヴァ書房。
栃本一三郎（1985）「福祉社会と女性」社会保障研究所編 『福祉政策の基本問題』東京大学出版会、251‐275。
仲村優一（1999）「戦後社会福祉研究の総括と21世紀への展望」一番ヶ瀬康子・高島進・高田真治・ほか編『戦後社会福祉の総括と21世紀への展望』ドメス出版、9‐14。
日本学術会議（2003）『新しい学術の体系――社会のための学術と文理の融合』。
平岡公一（1985）「社会福祉への社会学的接近」社会保障研究所編 『福祉政策の基本問題』東京大学出版会、33-55。
平岡公一（2010）「研究の動向」『講座社会学11 福祉』東京大学出版、203-235。
平岡公一・杉野昭博・所道彦・鎮目真人（2011）『社会福祉学―― social welfare and social work studies』ミネルヴァ書房。
福祉社会学会編（2013）『福祉社会学ハンドブック　現代を読み解く98の論点』中央法規出版。
福武直（1948）「社会学における方法の問題」『哲学雑誌』第64巻第703号。
福武直（1949）「社会学と社会政策――社会学に於ける政策的理論の問題」『思想』第6号。
福武直（1975）『福武直著作集第3巻社会学の方法と課題』東京大学出版。
古川孝順（1994）『社会福祉学序説』有斐閣。
古川孝順（2001）『社会福祉の運営――組織と過程――』有斐閣。
古川孝順（2012）『社会福祉の新たな展望：現代社会と福祉』ドメス出版。
星野信也（1977）「ソーシャル・アドミニストレーション序説（その一）」月刊福祉第60巻4月号、60‐65。
星野信也（1986）「ソーシャルアドミニストレーションの発展と現状」日本行政学会編『アドミニストレーション――その学際的研究――』ぎょうせい、63‐98。
R. M. マッキーヴァー（1931）『ソーシャルワークと社会学』誠信書房。
三浦文夫（1985）『社会福祉経営論』中央法規出版。
三浦文夫（1998）「高齢者社会と社会政策」『社会政策学会100年』社会政策業書第22集、167‐195。
三浦文夫・右田紀久恵・大橋謙策編（2003）『地域福祉の源流と創造』中央法規。
山手茂（2003）『社会福祉専門職と社会サービス』相川書房。

第3章

地方自治体を基盤にした社会福祉行政のアドミニストレーションの展開

本章では、国レベルのソーシャルアドミニストレーションに対して市町村社会福祉行政のアドミニストレーションに関する検討を進めていく。主として地方自治体レベルの地域福祉研究をとりあげ、市町村総合計画と地域福祉計画におけるソーシャルアドミニストレーションに関する検討を行う。大橋謙策の地域福祉論を中心に地域福祉計画におけるアドミニストレーション機能に関する検討を行い、「地域福祉アドミニストレーション」の到達点と課題を明らかにする。また、地域自立生活支援の政策課題が在宅福祉サービスとソーシャルワークを統合化・システム化する点にあることを確認し、その検討を踏まえて、地域主権化時代の「市町村社会福祉行政のアドミニストレーション」の枠組みを検討する。

第 1 節

地域福祉問題とソーシャルアドミニストレーション

1 「新たな貧困」問題の発見と法外援護

　日本の 1960 年代は、戦後復興による高度経済成長に起因する歪みが、都市問題として顕在化した。過疎過密問題をはじめ、公害問題、家族・コミュニティの変容によるリスク緩衝地帯の減退などが社会問題化し、それは「新たな貧困」として認識されることになった（江口 1966）。それら社会問題の背景には、家計維持と女性労働の問題があり、これまで女性が担ってきた老人介護・保育の担い手問題として顕在化したという実態もあろう（一番ヶ瀬・寺脇 1975、竹中・副田 1965）。
　このような社会構造の転換と切迫した状況を背景要因に、東京都の美濃部都政を 1 つの象徴として、革新市政は神奈川県・京都府・福岡県など主要都市に広がりをみせた。その特徴は、国民にとって抜き差しならない切実な生活維持の問題について、国に先駆けて自治体独自の法外援護、超過負担、加算行政、単独事業を施策化するなどの方法で進められた（佐

藤 1973；1977、菅沼 1973）。戦後高度経済成長による地域福祉問題が地域住民の権利問題としての性格を強め、その要求が運動化していくなかで、地方自治体レベルで独自の施策に踏み切った革新市政は、国家レベルの管理行政に地方自治体の社会福祉行政から大きな問題提起を行ったと言える。その意味では、革新市政が実施した単独事業の展開は、地方自治体が地域住民の要求に応えるという形で展開した行政運営に関する実践的な事例と位置づけられよう。革新市政による法外援護は、地域福祉問題に対して独自の施策を行うなど、地方自治運営に新たな可能性を示したことは事実である。

その後、1969 年地方自治法の改正では、地方自治体に総合計画の策定を義務づけ、中長期的な見通しのもと計画行政が推進されることになる[1]。革新市政は、1970 年代の後半になると 1973 年のオイルショック以降の低成長経済への移行と福祉の見直し等の影響も作用し、政策目標と政治的なアイデンティティを後退させることになる。しかし、このような革新自治体の一連の取り組みについて、地方自治体の主体的な政策形成が国・政策に与えた影響を指して、日本型の福祉国家形成過程の 1 つの側面とする自治体の福祉政策研究もある（武居 2001）。

2　自治型地域福祉とソーシャルアドミニストレーションの視座

地域福祉研究では、1973 年に住谷馨・右田紀久恵による『現代の地域福祉』が、国家レベルの政策に対抗的な立場から、革新市政を念頭においた地方自治体における福祉問題をとりあげている（住谷・右田ら 1973）。

のちに自治型地域福祉を理論化した右田は（右田 1993；2005）、早くから地方自治と地域福祉の密接不可分な関係に着目した研究者であり、とりわけ地方自治体における社会福祉行政運営に関する理論的な研究成果を数多く残しており、それらの成果は主として地域福祉理論の文脈に位置づけられた。右田における著書・論文のなかでも、1973 年に刊行された『現代の地域福祉』は、地方自治体における地域福祉問題を体系的に示している。そのなかで「地域福祉の水準は地方自治体行財政に規定される」とす

る点、また「地域福祉問題は地方自体問題であると言っても過言ではない」との指摘を残しており（住谷・右田ら 1973：63）、地域福祉研究において地方自治体レベルの社会福祉行政のアドミニストレーションに関する重要な指摘である。右田は国家レベルの社会福祉行財政に対する対抗的な視座から、主として行政事務配分と補助金行政に関する中央集権構造を批判しつつ、地域福祉概念とサービス体系そのものを地方自治体問題に位置づけ対応することの重要性について言及している（住谷・右田ら 1973：66）[2]。また、右田は行財政と地域福祉の課題として、①住民運動、②住民主体の地方自治、③地方自治に関する機構・制度の検討、④司法機能による自治の客観化、⑤シビル・ミニマム策定への参加、⑥住民参加と審議会という6つの課題を指摘している（住谷・右田ら 1973）。そのなかでも、特に地方自治レベルにおけるシビル・ミニマム基準の設定と、条例制定権に関する事項並びに審議会運営の適正化・民主化等への行政法学的観点からの指摘は地方自治体の自律的な行政運営プロセスに焦点化した重要な指摘である。1970年代前後の右田らに代表される国・地方の対抗関係を軸にした論議の設定並びに権利要求の運動論に依拠する枠組みは、ソーシャルアドミニストレーションの焦点としては正鵠を射ている。しかし、価値規範的な傾斜とそこに通底する論理構造が行政システムの改革より、革新自治体を生み育てるという政治体制の転換という運動論的なベクトルとならざるをえない点にソーシャルアドミニストレーション研究としての危うさを感じない訳にはいかない（住谷・右田ら 1973：69‐71）。ソーシャルアドミニストレーションを考える場合、国・地方自治体の政治行政過程の動態と力学を前提におくという視座は不可欠である。しかし、革新市政と地域住民の運動論を軸にしたソーシャルアドミニストレーションの問題設定は、国の中央集権的政治行政構造への対抗原理としての地方自治を理論武装する際には有効に写るが、ややイデオロギッシュに自己完結している点から、現実的な社会福祉政策の形成から運営過程までの力学を止揚するようなシステマティックなアプローチを看取することはできないのではないだろうか。その点について言えば、社会福祉政策を市町村を基盤に新たなサービスシステムとして構築・運営していくプロセスとして構想するに

は、現実性及び安定性を欠く自治体の福祉行政運営になりはしないだろうかという疑問は残る。

しかしながら、先に述べたように、革新自治体においては1970年代後半の政治的な後退には様々な要因があることを踏まえつつも、老人医療問題や保育問題等で独自の施策化を実施した地方自治体の社会福祉行政のアドミニストレーションは、今後の「市町村社会福祉行政のアドミニストレーション」を考える上で、重要な地方自治体の社会福祉行政であったことは否定できない。地域住民の切実な生活問題を汲み上げた革新自治体の福祉施策の自律的な展開は、機関委任事務時代という制約下にも関わらず、新たな地方自治の可能性を知らしめた。そしてその行政過程には、今後の地域主権化した市町村が、地域の実情に応じて、政策、行政、運営をいかに総合化できるかに求められる「市町村社会福祉行政のアドミニストレーション」に関する課題が網羅的に示されている。

3　地域福祉の展開とソーシャルアドミニストレーション

地域福祉は市町村を基盤にした新たな社会福祉サービスシステムの構築と運営であり、地域福祉アドミニストレーション課題は、保健・医療・福祉サービスを統合化するシステムづくりを地域福祉計画にどう位置づけるか、その策定プロセスへの市町村社会福祉行政の関与のあり方がアドミニストレーションの課題として問われることになる。

1980年代のソーシャルアドミニストレーションの焦点は、国レベルの社会福祉改革であり、1990年以降の市町村の在宅福祉サービスの法制化や社会福祉行政の計画化への道筋をつけた。その中心にいた三浦文夫の研究は、社会保障・社会福祉が混在するなかで社会福祉サービス供給論を柱としたソーシャルアドミニストレーション研究の領域を形成した。しかしながら、1990年から本格化する市町村レベルにおける在宅福祉サービスを軸とした地域福祉をどう推進するか、新たな社会福祉サービスのシステムをいかに構築するかという研究課題は、大橋の地域福祉研究に託された（大橋1985；2001；2002）。この地域福祉の実践課題は、社会福祉研究に

おける政策・援助実践の統合化を理論課題としつつ、その媒介機能を地域福祉計画とコミュニティソーシャルワークに求めた。市町村の地域福祉計画の策定を基盤にしたコミュニティソーシャルワークを手段とする地域福祉は、2000年以降はコミュニティソーシャルワークの理論化へと研究課題を進展させ体系化した。大橋の地域福祉論におけるソーシャルアドミニストレーションの焦点は、三浦文夫の社会福祉政策理論の自治体への展開を、新たな社会福祉サービスのシステムである地域福祉を機能主義的な解釈に立ち、保健・医療・福祉などの社会福祉サービス並びにソーシャルワークを統合化・システム化すること、そして市町村の社会福祉行政のあり方を問うものであった。

2008年の全国社会福祉協議会『地域における「新たな支え合い」を求めて：住民と行政の協働による新しい福祉：これからの地域福祉のあり方に関する研究会報告（座長大橋謙策）』では、2011年以降の数次の地方分権一括法の施行により加速する地方自治の拡大と市町村社会福祉行政における弾力的運営に関する課題を提起している。地域福祉では、この地方自治の変化と市町村社会福祉行政をめぐる情勢の変化を機会として捉えていくには、これまでの地域福祉の枠組みに加えて、「市町村社会福祉行政のアドミニストレーション」の枠組みに関する研究が課題となる。

第2節

地域福祉研究における地方自治・行政学の課題

1　市町村総合計画のアドミニストレーションの視点

イギリスを源流とするソーシャルアドミニストレーション概念の基本的枠組みは、「ニーズ」と「資源」があり、その主要な課題は、人間のニーズを資源によりどう充足するかに集約される（大山・武川ら1991：15）。その政策範囲は、基本的には所得保障、保健・医療、教育・住宅・雇用・

福祉からなり、その6つから構成されるソーシャルポリシーと社会行政、そして社会サービスを総合的に運営するためにソーシャルアドミニストレーション研究がある[3]。周知のようにソーシャルアドミニストレーション研究における発展の基礎を築いたティトマスの論考が多岐にわたるのは、社会政策分野を横断的に取り扱うからに他ならない。日本における社会福祉政策研究を柱にソーシャルアドミニストレーション研究を進めた三浦も1980年代に関与した社会福祉改革の過程では、所得保障から補助金などの検討まで、社会福祉政策に関連する論議にも影響を及ぼし、社会福祉研究者の立場から多くの政策提言に関わっている[4]。イギリス及び日本の国レベルのソーシャルアドミニストレーション研究が対象とする政策領域は多岐にわたる。

　他方、市町村レベルの政策運営をどう推進するか、また社会福祉行政を総合的に推進するために求められるアドミニストレーションのあり方を検討するために、市町村総合計画を検討していく。

　地方自治体の総合計画は、1969年の地方自治法4条の改正に遡るが、同改正では市町村に総合計画の策定が義務づけられ、地方自治の実現にむけて主体的な計画行政を運営する1つの契機になった。同法改正に影響をあたえた1966年の『市町村計画策定研究会報告』では、当時の市町村の行政計画策定の必要性と問題点について言及している。その目指すべき目標と問題点の指摘には、市町村行政の任務、社会状況及び問題点、行政運営のあり方等、いまなお有効な視点が多数あるので検討の素材としたい。

　まず、序論では市町村の任務として「市町村は、基礎的地方公共団体として、住民の身近にあって、住民の日常生活に必要な役務を提供することをその本来の任務とする」として、広域的な地方公共団体である都道府県の役割に対して、日常生活に密着した行政サービスを提供することが本務であることを強調している（国土計画協会1966：1）。市町村総合計画の策定が求められる経済社会的な背景としては、①地域課題に対する地域開発の推進、②行政水準の高度化、③行政の近代化・合理化、④行政の広域的処理の4つをあげている（国土開発協会1966：6‐8）。

　次に計画策定の必要性について、市町村が当面する諸問題をあげ、それ

らの諸問題についての対応は場当たり的な行政では困難であり、総合的かつ計画的な行政運営が求められると述べている。続けて市町村行政について「常に変化に対応できる体制を整備しておき、ある変化が当該市町村の住民の福祉にとってどのような意味をもっているかを適確に判断し、それに対応する施策を迅速に講ずる必要がある。」と述べ（国土計画協会1966：8）、市町村行政計画策定の必要性について言及している。さらに、自治体行政計画の効用について社会資本への投資のあり方について述べており、「限られた財源のなかで、どのような施策を行うことが当該市町村住民の福祉にとって最もプラスとなるか、現在、行政において何を優先すべきか、ということを他の施策との調和を考えて決定するためには計画がなければ決定しがたいことが多い……（中略）社会資本投資の種類、内容は多様であるが、それを適正に組み合わせ、しかも、許される財源の範囲において、どういう順序で行うか……（中略）。市町村が地域の将来について長期的な見通しのもとに理想像をえがき、変化に対処できるようにするとともに、合理的効率的な行政運営を確保するために市町村計画が必要であるといわなければならない」とし（国土計画協会1966：8－9）、行政運営における市町村計画の意義について述べている。

　同報告書の指摘は、地方自治体の行政運営の全般にあてはまる基本的考えが示されているが、地方分権一括法の制定・施行を経て、第5次地方分権一括法まで進み、その裁量が大きくなる社会福祉行政の主体的運営にも大いにあてはまるアドミニストレーションの視点をほぼ網羅している。

　一方で、同報告書が問題点として指摘したのは、①市町村行政における計画の位置づけの不明瞭性、②現実の社会経済条件の無視、③市町村の役割の不明確性、④不適切な計量手法と計画策定の未成熟、⑤広域的配慮の欠如、⑥現実性の欠如、である。このなかで、今後の市町村社会福祉行政のアドミニストレーションを考えるうえで⑥現実性の欠如が重要である。そのなかで、市町村計画の意義について、市町村の行政運営を計画的、総合的、効率的に行うための一手段として作成されるものであるとして市町村計画が行政運営にとって不可欠であることを明確に述べている。この総合計画は、周知のように基本構想・基本計画・実施計画からなり、中央集

権を構造的には維持しながらも、地方自治体の分野別事業計画を総合化するという、自治体における行政運営の合理化を目指すという側面があった。しかしながら、自治体の総合計画が、各種の行政計画を糾合し合理的な行政運営に資する方法手段として機能しているかの評価を行うことは難しい。

総じて言えるのは、国の中央集権的な行財政に関する運営体制に対して、地域住民にとって最も身近に必要な生活サービスを担う生活行政としての、地方自治体の役割を明確にしようとしている点である。報告書の特徴は、国・地方関係における中央集権構造の制約下でも、地方自治体が社会変化で生じるニーズへの対応を機動的に果たしていこうとする主体的な行政運営に関する提言に現れている。その問題意識は、画一的かつ縦割り化した国・政策を、市町村行政レベルにおいて、地域住民のニーズに応じて生活行政を総合化していこうとする点にあった。

2　地域福祉研究における地方自治体論研究の視座

なぜ、地域福祉研究において、前述した総合計画や自治体論研究が進展してこなかったのか。1970年代を代表する岡村重夫の地域福祉研究や地方自治を精力的に論じた右田の地域福祉研究においても、市町村総合計画に関する本格的な論説は見当たらない。

前述の1969年の地方自治法改正に影響をあたえた『市町村計画策定研究会報告』における指摘を踏まえれば、機関委任事務下の市町村行政ではあるが、住民の福祉に応えるべく住民生活の変化に応じた総合的、計画的な行政に関する問題意識はもてたのではないか。地域福祉研究においても、1969年の地方自治法の改正に関する指摘や問題意識、総合計画と地域福祉計画の相互を関連させる地方自治・行政学に関する研究がもっとあってしかるべきではなかったか。自治型地域福祉論においても、地域福祉と地方自治相互の重要性を指摘し、かつその課題を住民自治にもとづく地域福祉実践として位置づけて推進しようとした研究だからこそ、市町村自治体が策定する総合計画に関わり、地域福祉計画等の地域福祉推進施策を政策・計画的に位置づけるような戦略的な福祉行財政運営の理論構想・展

開並びに問題提起があってもよかったのではないか。右田に関しては、その後、大阪府のファインプラン策定に関わり、箕面市、枚方市、東大阪市等の地域福祉計画策定に関わっていることを述べているが（三浦・右田・大橋 2003：281‐282）、地方自治と地域福祉を架橋する理論課題に対して、市町村総合計画と地域福祉計画を相互に位置づけ、「市町村社会福祉行政のアドミニストレーション」の課題とするような研究に進展した形跡はない。

　他方、地域福祉研究のなかで、早い段階から、地方自治体の福祉サービスの整備と自治体の社会福祉行政のアドミニストレーションのあり方に言及しているのは大橋である。その基本的な認識は、1984年の全国社会福祉協議会の『地域福祉計画――理論と方法』のなかで示され、1985年の「地域福祉計画のパラダイム」の論文で明確化されている。すでに1970年代の中盤には、コミュニティケア論争の論点に触れ、地方自治体の運営と社会福祉行政の再編成に関する問題提起を行っている点は重要である（大橋 1976：240‐241）。大橋は、岡村重夫と阿部志郎を引き合いに出しつつ、コミュニティケアの論点を整理し、コミュニティケアがいわゆる在宅福祉サービスへの基調の転換を意味するならば、それは単なる構想の論議で終わらせるのではなく、現実の施設の設置・措置を決めている社会福祉法制や社会福祉行政そのものの根本的再編成を求めるものであるという認識を示している（大橋 1976：240‐241）。この指摘は、コミュニティケア論争が、機能主義的なサービス資源体系に関する論議に終始するなか、地方自治体と社会福祉行政の運営をアドミニストレーションの焦点にしている点で重要な指摘である。

　大橋が地域福祉研究において地方自治体の社会福祉行政の運営のあり方に着目する背景には、1960年代後半から自治体を中心にした社会教育実践がある。その社会教育に関する地方自治体を中心とした実践を通しての経験の集積と知見が、地方自治体を主体として強く意識する地域福祉の推進という視座につながり、その後の地域福祉実践のあり方や地方自治体の社会福祉行政の再編成に関する視点を形成していった。例えば、大橋は同論文で、地方自治体の社会福祉行政における住民参加と民主主義につい

て言及し、公選制による社会福祉委員会の設立や、社会福祉施設の設置を自治体の権限で行うこと、また社会福祉施設に法的に運営協議会を設置すること等を問題提起している(大橋 1976：249‐250)。大橋に一貫して通底する地域福祉の論理は、地域福祉推進を支える基盤を公民形成に求め、「草の根地域福祉」の実践を通して形成していこうとする点にある[5]。
「市町村社会福祉行政のアドミニストレーション」を考えるにあたって、住民自治と参加のあり方をめぐっては、地方自治体による政策形成の民主的プロセスをどう確保していくかという点で極めて重要な示唆が含まれている。また、大橋の地域福祉論における地方自治体のアドミニストレーションに関する問題意識は、市町村行政の再編成を1つのリレーションシップ・ゴールとおくところにも看取できる。地域福祉計画の策定プロセスは様々な観点から論究されているが、その実践プロセスが地域の政治力学、権力構造、関係構造に変革をもたらすという視点は[6]、市町村総合計画と地域福祉計画の位置関係を考える上でも、さらに地域福祉研究から地方自治・行政学研究に問題提起する実践的・戦略的な視点としても重要である。さらに言えば地域福祉による地域福祉計画の策定が住民自治を形成する実践的方法の1つとして位置づけられ、そのプロセスと成果が、地方自治の進展を図る1つの指標として位置づけられるという点にも留意が必要であろう。

　これまでの検討から、大橋地域福祉論は、地域福祉計画策定とコミュニティソーシャルワークの往還的な関係から構成される二重構造となっており、その実践過程において主体形成が図られ、地方自治の醸成へと向かうベクトルを獲得している点に求めることができる。地域福祉に内蔵される運動性が、地方自治・社会福祉行政の再編に向かうエネルギーになるという論理構造なくして、地域福祉から地方自治へのアプローチは生成され得ない[7]。1990年から本格化する大橋の地域福祉実践が2000年以降の理論化を経ていまなおその影響を強めているのは、コミュニティソーシャルワークの枠組みが実践と制度・政策を往還させる動態的なベクトルとプロセスをつくりあげたことによるものであり、地方自治体を基盤にする地域福祉計画とコミュニティソーシャルワークが市町村社会福祉行政の再編まで

を理論的射程に収め続けている点にあり、その政策化に向けた過程はいまだ発展途上の段階にあると言える。

第3節

市町村社会福祉行政の総合化と地域福祉計画の役割

1　社会福祉政策としての地域福祉計画

　市町村社会福祉行政においては、社会福祉政策の分野別計画を総合化するうえで重要な位置と役割をもつのは地域福祉計画である。地域主権化時代の市町村社会福祉行政における大きな政策運営の課題は、在宅福祉サービスを軸に保健・医療・福祉サービスのシステム化による地域福祉をどう総合的に推進できるかにある。さらに言えば、その地域福祉推進を、総合的に推進するためには、所得・雇用・教育・住宅・交通・災害等の関連する社会サービスまでを政策範囲とする市町村総合計画とどう連携を図りながら地域住民の福祉の増進を実現していくかということが課題となる。そのことは、市町村社会福祉行政における地域福祉計画と市町村総合計画との一体的な行政運営をどう構造化するかという行政にとって大きなアドミニストレーションの課題となる。その際、住民自治を基本とする地域福祉計画策定のあり方とその策定過程の民主化は、地域福祉から市町村行政への接近を図るという意味合いで重要になる。住民参加にもとづく地域福祉計画の策定を梃に地方自治の活性化を促し、市町村社会福祉行政のあり方に変革を促していくことは、今後の地方自治と地域福祉のあり方を考える上でも重要な視点と実践手段の提起となる。

　1990年以降市町村社会福祉行政が策定する個別の分野別計画は障害、高齢者、児童分野と広がった。そのなかでも、社会福祉分野で他と異なる性格付けがなされるのが地域福祉計画である。各分野別計画が「資源整備計画」という性格を強く持つのに対して、それにとどまらず資源を組織化

して、各分野別計画の基盤となる地域福祉を総合的に推進する性格をもっていると位置づけられる（定藤・坂田・小林 1996：22、平岡 2007：48）。また、地域福祉計画の総合性は、社会福祉基礎構造改革における中央社会福祉審議会の提言に求めることができる。同審議会は「現在、老人、障害者、児童といった対象者ごとに策定されている計画を統合し、都道府県及び市町村のそれぞれを主体とし、当事者である住民が参加して策定される地域福祉計画を導入する必要がある。（中央社会福祉審議会社会福祉基礎構造改革分科会『社会福祉基礎構造改革について（中間まとめ）』（1998））と述べている。なお、地域福祉計画は、狭義には社会福祉法を遵守する計画として理解されるが、全国社会福祉協議会『地域福祉計画に関する調査研究事業報告書』（2002 年 3 月）や中央社会福祉審議会社会福祉基礎構造改革分科会『社会福祉基礎構造改革について（中間まとめ）』（1998）は、各分野別の三計画を包含した市町村社会福祉行政の総合計画となる地域福祉計画として広義に分類している。また、市町村総合計画と地域福祉計画の一体的な計画づくりを行う場合には、市町村が策定する社会福祉の三計画以外にも交通・移動、健康づくり、まちづくり、防災・減災等までを含めた総合的な計画策定に関する枠組みが求められよう。

　地域主権化時代における「市町村社会福祉行政のアドミニストレーション」を考えるうえでは、市町村の総合計画と社会福祉行政における地域福祉計画が果たす相互の役割を検討する必要がある。また、市町村の社会福祉政策を総合化するための性格を与えられている地域福祉計画は、市町村の地域実情を踏まえながら、地域住民の生活保障のあり方とその範囲を現実的に考えていく必要がある。そのなかで、地域福祉計画では実行性を担保することが難しいような医療や住宅、雇用等を含めた政策については、市町村総合計画との一体的な行政計画の策定が求められる。

2　地域福祉計画におけるソーシャルアドミニストレーションの視点と課題

　前項で述べたように、地域福祉計画を広義に捉えれば、市町村社会福祉

行政の範囲においては関連する政策分野別のサービスを総合化するような機能が求められる。「市町村社会福祉行政のアドミニストレーション」を考えるうえでは、市町村総合計画との一体的な計画策定も社会福祉行政の大きな課題に位置づけられよう。その点を踏まえれば、地域福祉計画の実質化を図ること、さらに市町村総合計画への位置づけをより明確にしていくような戦略も必要になろう。所得や教育、雇用や住宅等まで含めれば、市町村総合計画との一体的な策定は、社会福祉行政組織の再編に関わる「市町村社会福祉行政のアドミニストレーション」の課題となる。

　地域福祉研究において、市町村自治体の策定する総合計画について言及したり、その地域福祉計画の位置づけをめぐる本格的な論議を進めていくことが必要である[8]。地域主権化時代を迎え、市町村が社会福祉行政を総合的に推進しようとすれば、現行の地域福祉計画では、その範囲は限定的にならざるを得ないのも事実である。さらに政策範囲を広げて、所得・教育・交通等も含めた総合的な展開を進めるには、地域主権化時代に相応しい地方自治と地域福祉のあり方を検討し、市町村社会福祉行政を中心にしたアドミニストレーションの枠組みに関する研究につなげていかなくてはならない。現状を考えれば、地域福祉計画が政策分野別の諸計画を集約する機能を持ち得ているのか、また住民参加を取り入れた民主的なプロセスで策定されているのか、本来期待されている地域福祉計画を策定できているかを問われれば、先進事例と言われる一部の市町村の成功事例に留まるのが現状であろう。市町村行政の主導による地域福祉計画の策定は、どうしても数量的なニーズ調査に頼りがちであるが、それは必要条件であって十分条件ではない。地域住民の実態については、ニーズ調査を通じて接近することに加えて、ソーシャルワークによる問題解決を位置づけ、その解決を通して新たなサービス開発や政策化を、地域福祉計画の策定に反映させていくことが求められる。例えば、ケアリングコミュニティのように、個別課題解決のプロセスから政策や福祉サービス開発、まちづくりまでの実践プロセスに動態的な視点をもつ理論枠組みをより明確に打ち出していくことが課題になろう。地域福祉計画の策定と進行管理の課題は、個別支援から地域支援までボトムアップ的に政策提言をしていくコミュニティソ

ーシャルワーク機能を、いかに地域福祉計画に技術的に位置づけ理論化を図るかにあると言ってよい。大橋は2000年以降の社会福祉研究の課題について、「市町村の社会福祉政策をどう計画化するかという課題と地域自立生活を支援するために在宅福祉サービスをどう整備し、どうソーシャルワークを展開できるようにするかという課題とが、市町村の『地域福祉計画』に求められるようになった」ということを述べている（大橋2002）。市町村社会福祉行政の課題は、社会福祉政策の展開を具体的には市町村地域福祉計画に求め、その地域福祉計画は地域自立生活支援を理念に在宅福祉サービスとソーシャルワークを統合化することをソーシャルアドミニストレーションの実践課題としてあげたと言える。

第4節

大橋地域福祉論におけるソーシャルアドミニストレーション概念

1　地域福祉計画におけるソーシャルアドミニストレーション

　大橋地域福祉論におけるソーシャルアドミニストレーション概念の基本的な捉え方は、市町村を基盤とする在宅福祉サービスの整備とソーシャルワークの統合システムをどう構築するかという点に集約される。すなわち、市町村を基盤に提供される社会福祉サービスの運営管理を基本的なソーシャルアドミニストレーションの課題として、それに関連する諸要素から構成される複合的な概念として捉えている。
　例えば、1985年の論文である「地域福祉計画のパラダイム」では、東京都狛江市の地域福祉計画の策定までに位置づけられるソーシャルアドミニストレーションは、公私協働の機構組織の運営に焦点をあてている。1990年は社会福祉関係八法改正により在宅福祉サービスを軸とした地域福祉の推進が政策テーマとなり市町村を基盤にした地域福祉計画の策定に

よる地域福祉の推進が政策的にも実践的にも進み始める時期である。また、1990年の「生活支援地域福祉事業の基本的考え方について」では、コミュニティソーシャルワークが実践的に配置され、サービス間の連絡・調整や総合化を果たす機能として政策課題に位置づけられている（日本地域福祉研究所 2014：22）[9]。この時期の地域福祉のアドミニストレーションの焦点は、東京都狛江市や目黒区、東京都こども家庭支援センターにおける保健福祉サービスへのセンター機能の導入によるサービスのワンストップ化を柱とした実践システムの構築であり、それを地域福祉計画の策定にもとづいて推進した[10]、いわば在宅福祉サービスとソーシャルワークの「統合化・システム化のアドミニストレーション」と位置づけられよう。

一方で、大橋による1990年代の地方自治体における地域福祉実践の成果を集約したと位置づけられる2001年の『地域福祉計画と地域福祉実践』では、「地域福祉計画の『総合性』」に関する記述で、社会福祉サービスの運営管理のあり方をソーシャルアドミニストレーションの問題としている。その背景には、2000年の介護保険制度の導入と規制緩和による株式会社の参入があり、介護サービスをはじめ社会福祉サービスの多元化が進んでいるという認識があると思われる。そのなかでソーシャルアドミニストレーションに関する言及をあげれば、「福祉サービスの利用者の利益を擁護」すること、保健医療福祉サービスの「社会的コストの合理的支出」、「社会福祉行政の運営管理のあり方」、「福祉サービス供給組織全体の連絡調整のあり方や行政責任」というアドミニストレーションに関する項目に言及している（大橋 2001：26-27）。また、同書の「地域福祉計画策定における住民参加の考え方」では、地域福祉計画策定後の「進行管理」と「地域福祉システムの運用」をアドミニストレーションの課題としてあげ、さらに住民参加とサービス評価のあり方を指摘し、主体形成に向けた福祉教育を実践課題としてあげている（大橋 2001：28-29）。さらに、「地域福祉計画の枠組みと『福祉でまちづくり』の視点」では、「地域福祉の根幹はコミュニティソーシャルワークを展開できるシステムづくりにある」と指摘し、それとの関連で地域福祉計画のあり方については「区市町村社会福祉行政の再編成」を含めたアドミニストレーションのあり方が重要であると

指摘している（大橋2001：29）。最後に、2002年の「地域福祉計画とコミュニティソーシャルワーク」では、既に述べた1985年論文、1996年論文、2001年論文とは異なる記述で「制度的サービスとインフォーマル資源のシステム化」を地域福祉計画の策定に関するソーシャルアドミニストレーションとして位置づけている。

　以上、1985年から2002年までの大橋の地域福祉計画に関する主要論文に位置づけられるソーシャルアドミニストレーション概念と、その構成について分析した。その分析結果から導かれるソーシャルアドミニストレーションの実践的要素としては、第1に「サービス利用者の擁護」、第2に「サービスのコスト効率性」、第3に「社会福祉行政の適切な関与」、第4に「自治・行政の権限」、第5に「サービス運営」、第6に「サービス実践システム」、第7に「住民参加」、第8に「サービス評価」、第9に「主体形成・福祉教育」、第10に「社会福祉行政の再編成」、第11に「公私協働の実践システム」を抽出することができた。次にコミュニティソーシャルワークに位置づけられるソーシャルアドミニストレーション概念について分析していくことにする。

2　コミュニティソーシャルワークにおけるソーシャルアドミニストレーション

　これまで地域福祉計画に位置づけられてきたソーシャルアドミニストレーションは、2000年の社会福祉法の改正・改称による法定化もあり、その課題の軸足をコミュニティソーシャルワークへと移行させたと言える。

　これまでの地域福祉計画によるアドミニストレーションの特徴は、いわば市町村を基盤にした社会福祉サービスとソーシャルワークの統合化・システム化を実践システムとして構築する点にあった。コミュニティソーシャルワーク機能と枠組みで9つ目に位置づけられる「市町村の地域福祉実践に関するアドミニストレーション機能」では（大橋2005：13-14）、コミュニティソーシャルワークを媒介機能に、関連する保健・医療・福祉・介護・教育等の政策分野別のサービス資源間の調整を通してコスト効率

考えた社会福祉サービス運営を実現していこうとするアドミニストレーションであったと理解できる。この段階にきて、大橋地域福祉論におけるソーシャルアドミニストレーションの課題はコミュニティソーシャルワークによる展開に移行し、ケアマネジメントを手段に、関連する政策分野別のサービスの統合化やインフォーマル資源を含めたシステム化を進め、サービスの前線で把握されるニーズを計画化するという「実践の計画化」すなわち、サービス開発を含めたアドミニストレーションを課題とするようになった。

さらに、2008年の『地域における「新たな支え合い」を求めて——住民と行政の協働による新しい福祉——』における提言や2010年の国の補助事業として実施された「安心生活創造事業」は、コミュニティソーシャルワークの政策的展開という位置づけになろう。この政策に位置づけられるコミュニティソーシャルワーク機能並びに地域福祉実践のアドミニストレーションは、新たな協働を基調としながら、その焦点を「地域コミュニティづくり」や「まちづくり」に移行させていった。

その背景と問題意識には、単身化に起因する孤立・孤独、虐待等の複合的課題の解決がある。これまでの高齢・障害等の属性分野で類別することが難しい構造をもつ等、既存の縦割りの制度的対応では難しいケースに対して、ソーシャルワークを起点にしたニーズ把握から、問題解決の処方箋を書きつつ、新たなサービス資源開発も含めた地域コミュニティづくりを図っていくことが実践的にも、理論的な枠組みとしても求められる。それは、ソーシャルワークを起点にした地域自立生活支援の創造であり、市町村レベルでコミュニティソーシャルワークのシステム化を図ることが、市町村社会福祉行政の政策運営の課題となった。

以上、大橋地域福祉論におけるソーシャルアドミニストレーションの焦点は、ソーシャルワークの展開とその基盤づくりを大きな軸にしながらコミュニティソーシャルワークの理論化を進展させてきた。そして、1970年代後半から市町村社会福祉行政の運営に一貫した問題意識をもちながら、地域福祉計画と地域福祉実践の時代、コミュニティソーシャルワークの理論化の時代、そしてコミュニティソーシャルワークのシステム化へと課題

図表3-1 地域福祉におけるソーシャルアドミニストレーション機能と枠組みの課題

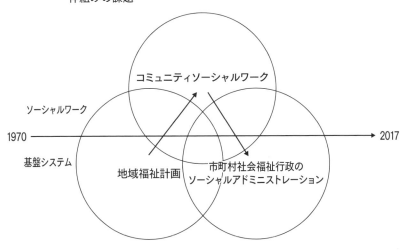

を移行させつつ、改めて市町村社会福祉行政の組織機構の再編を含めたアドミニストレーションに研究の焦点を移行させたと言える。【図表3-1】

3 「地域福祉のアドミニストレーション」研究の到達点と課題

　これまで見てきたように、大橋地域福祉論のソーシャルアドミニストレーション概念は、地域福祉計画とコミュニティソーシャルワークに位置づけられ、新たな社会福祉サービスのシステムである地域福祉の推進という政策的課題の変遷とともに、実践化・理論化の過程を経て順次発展してきた。大橋地域福祉論の中核に位置するソーシャルアドミニストレーション概念は、「保健・医療・福祉の実践システム化」、「社会福祉サービスの運営管理」、「コミュニティソーシャルワークのシステム化と運用」、「社会福祉行政の再編成」を戦略的に進めてきた。近年では、地方分権から地域主権化とも言える地方自治体を取り巻く状況のなかで、市町村社会福祉行政の権限と責任がますます増大している。そのような状況を踏まえ、これまでの大橋地域福祉論の社会福祉運営である「地域福祉のアドミニストレー

ション」の枠組みは、市町村社会福祉行政に求められる多様な政策運営と財源とサービス効果を両立させるマネジメントをアドミニストレーション課題として明確にさせてきたと言って良い。そのような大橋地域福祉論のソーシャルアドミニストレーション概念の新たな展開は、「地域福祉のアドミニストレーション」から「市町村社会福祉行政のアドミニストレーション」への展開として跡付けることができる。

　大橋の1985年に示された地域福祉計画に位置づけられるソーシャルアドミニストレーションは、1990年の社会福祉関係八法改正を1つの契機に市町村を単位にした保健福祉サービスとソーシャルワークの実践的な統合化・システム化をアドミニストレーションの課題としてきた。さらに、その後地域福祉実践の進展とともに、地域福祉計画の策定とコミュニティソーシャルワークの統合的な展開を進める市町村社会福祉行政のあり方がアドミニストレーション課題となり、新たな社会福祉サービスシステムとしての地域福祉の推進を図るためのアドミニストレーションの基本的枠組みが構築されてきたと整理することができる。1990年代の地域福祉計画の策定から、2000年以降のコミュニティソーシャルワークの理論化までを大橋の「地域福祉のアドミニストレーション」の範囲と考えれば、その実践の特徴は地方自治体市町村の社会福祉行政の総合化を地域福祉計画の策定にもとめ、その手段としてコミュニティソーシャルワーク機能を媒介に、全世代型に対応する保健・医療・福祉・介護をはじめ生涯教育までを含めた政策サービス分野を統合化・システム化することを目的にした「地域福祉のアドミニストレーション」であったと言える。その後、全国社会福祉協議会（2008）『地域における「新たな支え合い」を求めて：これからの地域福祉のあり方に関する研究会報告』以降は、コミュニティソーシャルワークは触媒機能に鈍化され、地域の制度的サービスとインフォーマル資源の統合化と地域コミュニティづくりを狙いとした福祉ガバナンスを形成することが、「地域福祉のアドミニストレーション」の課題となっている[11]。

　2011年以降に施行された数次の地方分権一括法と同時並行的に進む地域包括ケアシステムに関する政策動向では、市町村社会福祉行政は地域

包括ケアシステムの構築に向けて、総合事業など「福祉ガバナンスの形成」に向けた仕組みづくりに主導的役割を果たすことが求められる。大橋は、2016年の論文である「地域包括ケアとコミュニティソーシャルワーク機能」において、地域包括ケアに関するソーシャルアドミニストレーションの課題として、「地域自立生活支援のプログラムを最大限に尊重・遂行できるシステムの運営管理を誰が、どのような権限で行うのかという問題（社会福祉法人や地域密着型介護保険サービスの評価・許認可を担う人材の確保と市町村社会福祉行政のあり方）がある」ことを述べている（大橋 2016：11）。敷衍すれば、地域自立生活で生じるニーズをいかに丁寧にアセスメントし、ニーズを起点にしたソーシャルワークによる問題解決に向けた仕組みづくりを行えるかにある。その開発過程を組織化し、ソーシャルサポートネットワークを形成する地域コミュニティづくりとも言える過程をどう運営管理するかという実践的な理論枠組みとして整理することができる。その過程で形成される地域コミュニティという単位は、福祉ガバナンスの姿そのものである。

　周知のように、大橋の地域福祉論は、地域福祉計画とコミュニティソーシャルワークをアドミニストレーションの基本構造とするが、その基底には参加や主体形成が位置づけられており、福祉ガバナンスを形成する理論的・実践的な構造を備えている。地方自治体論では公選制による福祉運営委員会の設置等に関する論説や、地域福祉計画では参加のあり方をいかに位置づけ政策化・計画化を行うか、その手段となるコミュニティソーシャルワーク実践においても、具体的な参加・協働のプロセスをどう構築するかという実践課題をとりあげ、アドミニストレーションに関する問題意識を一貫しながら研究を進展させてきている。

　このような検討から、地域福祉計画に位置づけられてきたソーシャルアドミニストレーションに関する機能とコミュニティソーシャルワークの構成要件に実践的な政策運営の手法として位置づけられてきた社会福祉行政のアドミニストレーションについては、地域主権化時代を迎えて、改めてその機能を検討し、「市町村社会福祉行政のアドミニストレーション」として枠組みを再構成していくことが大きな実践的・研究的な課題になって

いる。これまでの地域福祉計画とコミュニティソーシャルワークに位置づけられてきたソーシャルアドミニストレーションは、地方分権による市町村の大幅な権限の拡大にともない、行政責任のもとで実施した方がよい事業領域が拡大してきた。地域福祉計画とコミュニティソーシャルワークに位置づけてきた社会福祉行政のアドミニストレーションは再編成の時代を迎えている。

第5節

まとめ・結論
―― 「地域福祉のアドミニストレーション」における枠組みの再編

　地域主権化時代に求められる「市町村社会福祉行政のアドミニストレーション」を検討するために、大橋地域福祉論の枠組みに位置づけられてきたソーシャルアドミニストレーション機能を検討してきた。これまでの検討では、大橋の地域福祉論の枠組みにおけるソーシャルアドミニストレーションは、地域福祉計画とコミュニティソーシャルワークの両方の構成要件に位置づけられる。しかし、2000年に社会福祉法が改称・改正され地域福祉の推進が法定化されたことやコミュニティソーシャルワークの理論化が進展したこと、介護保険行財政の運営が市場型サービスの管理監督とサービスの質確保を含め行政関与のあり方が問題になること、地域主権化という地方自治の実体化が進んでいること、3.11東日本大震災以降の社会的企業の目覚ましい台頭があることは、新たな市町村社会福祉行政のあり方にも大きな影響を及ぼしている。加えて、2011年以降の数次の地方分権一括法による市町村への大幅な権限の委譲は、社会福祉法人の許認可権限の移譲や介護保険事業の弾力的な運営を可能にすることになる。そのような地方分権にともなう地方自治市町村社会福祉行政をめぐる諸条件の変更は、「地域福祉のアドミニストレーション」の枠組みに再考を迫るこ

とになる。

　その点を踏まえれば、大橋が地域福祉計画の枠組みでアドミニストレーションの機能に含めて考えていた「社会福祉サービスの運営管理」、「コミュニティソーシャルワークのシステム化と運用」、「社会福祉行政の再編成」に関する社会福祉行政機能は、「自治」と「コミュニティソーシャルワーク」として機能的には切り分けた方が、社会福祉サービスの運営やコミュニティソーシャルワークのシステム化に果たす社会福祉行政機能を適切に整理できると考える。1970年代の機関委任事務体制下における地方自治体の行政運営では、超過負担や法外援護の課題として位置づけられた独自の施策も、地方分権による自治の大幅な拡大による市町村社会福祉行政の弾力的運営を可能にしているという点が大きい。地域福祉計画は、1985年以降、とりわけ2000年の社会福祉法の改称・改正で法的に位置づけられ、その性格を大きく変化させたこともあり、特にソーシャルアドミニストレーション概念の構成に含まれていたと思われる公私協働による運営と組織機構のあり方をめぐっては、コミュニティソーシャルワークの理論化も大幅に進展している。その意味で、2つの項目はソーシャルアドミニストレーションから独立させ位置づけたほうが現実に適応していると考える。また、地域福祉計画のアドミニストレーション方法の1つとして位置づけられる、触媒機能に特徴をもつコミュニティソーシャルワークは、社会福祉行政への政策的な位置づけ並びに行政組織の編成とサービスシステム化を合わせて検討していかなけれならないアドミニストレーション課題である。コミュニティソーシャルワーク理論の入口となるアウトリーチ型ニーズ発見による個別支援とソーシャルサポートネットワークの開発や福祉サービスの開発まで、その運動性や開発性を独自かつ中核的な機能と位置づけるなら、その機能は行政運営のあり方とは分節化して考えたほうが機能としては理解しやすい。むしろ官民のパートナーシップ・協働を形成していく福祉ガバナンスを形成する機能に特徴があると言える。また、地域福祉計画の枠組みには、社会的企業等の新たな主体・実施組織を、どう助成・補助しパートーナートして位置づけるかの検討が求められる。その委託事業の管理・監査のあり方とサービスの質確保をめぐる事業・サー

ビス評価のあり方については、地域福祉計画の枠組みによる対応では限界があることも事実であり、「市町村社会福祉行政のアドミニストレーション」が必要になる。

　ソーシャルアドミニストレーションの政策的課題並びに研究課題の変遷にみるように、大橋以降のソーシャルアドミニストレーションの課題は、第1にコミュニティソーシャルワークのシステム化と地域包括ケアシステムの構築と運営、第2に全世代型地域包括支援体制の構築までを、ソーシャルアドミニストレーション研究として進めることになった。しかしながら、地域主権化や規制緩和から生起する市場型サービスの管理監督問題や、地域共生社会の実現に求められる地域共生型の拠点運営という福祉ガバナンスの論議は、従来の社会福祉理論の枠組みでは解決が難しい政策横断的な問題を提起していると考えなければならない。また、顕在化する支援困難事例に対する支援は、変化するニーズに柔軟に対応していく伴走型のソーシャルワークを求める。このようなバルネラビリティ問題に象徴される複合課題に対する個別支援による対応は、ソーシャルワーク機能を軸にした地域包括ケアの構築を不可避にし、その展開を支える枠組みを「市町村社会福祉行政のアドミニストレーション」に求めることになる。そのような市町村社会福祉行政による開発・政策化のベクトルを形成するアドミニストレーションの枠組みづくりは社会福祉研究におけるソーシャルアドミニストレーション研究の課題となっている。

注

1）ただし現在は、平成23年8月1日に地方自治法が施行され、地方自治法第2条第4項の「市町村は、その事務を処理するに当たっては、議会の議決を経てその地域における総合的かつ計画的な行政の運営を図るための基本構想を定め、これに即して行うようにしなければならない」という規定は削除されており、基本構想を策定するか否かは市町村が決めることになっている。

2）右田は、地域福祉の主体像を設定する際に、その前提に「自らの苦難などを自らの力で乗り越えようとする人間像、自立性」をおいており、それは自発性・内発性をもった主体像の認識としている。右田は、岡村理論はあまりに精緻であることを述べ、岡村理論を乗り越えるためにCOの組織性ゆえに受け身な存在になりがちな主体像を、より「市民」的な主体像を設定することで、その理論を乗り越

えようとしたことを述べている（三浦文夫・右田紀久恵・大橋謙策 2003）。しかし、その主体形成に関する方法論については、福祉教育の必要性に言及するにとどまる。

3）武川正吾（1992）は、自治体の総合計画を指して、自治体が実施する社会政策の計画化を図ったという意味で、「地域社会計画」と呼ぶことができると述べている。さらに、この自治体総合計画は、自治体行政の全分野を対象として含めようとしていたという意味で、1969 年の自治法改正当初から総合化を志向していたと述べている（武川 2002：67）。

4）周知のように 1989 年に東京都が地域福祉に関して 3 相計画を策定した際には、東京都地域福祉推進計画等検討委員会（1988）「東京都における地域福祉推進計画の基本的ありかたについて（中間のまとめ）」で重要な役割を果たしている。

5）原田正樹は、この点を『地域福祉の基盤づくり』としてまとめている（原田 2014）。

6）同様の視点を強調する研究には、牧里毎治（2000）や原田正樹（原田 2014）がいる。

7）この点は平野隆之（2008：53‐58）や岩間伸之・原田正樹（2012：3）にも看取できる。

8）その主たる関心は、社会福祉計画・地域福祉計画における上位計画としての市町村総合計画の概説にとどまる。例えば、その点を取り上げた研究としては、定藤丈弘・坂田周一・小林良二編（1996）『社会福祉計画』がある。また、牧里毎治・野口定久・武川正吾・和気康太編（2007）『自治体の地域福祉戦略』では、自治体における社会福祉関係の分野別計画の上位計画である地域福祉計画の位置づけについて言及している。総じて、地域福祉計画の位置づけをめぐり、市町村総合計画の体系性や編成過程という市町村運営に関する行政学的な見地からの言及はない。周知のように市町村総合計画については、2011 年の第 1 次地方分権一括法の施行により、市町村への義務づけではなくなった。

9）コミュニティソーシャルワークが政策的、実践的にも意識され始めたのは 1990 年の「生活支援地域福祉事業の基本的考え方について」（平成 2 年 8 月生活支援事業研究会中間報告、厚生省社会局保護課所管）である（大橋 2016：6）。その後、この報告書の内容は「ふれあいの街づくり事業」として政策化されている。

10）この点は、大橋（2016）による要約的な記述を参考にしている。原著では、『地域福祉計画の策定の視点と実践―狛江市・あいとぴあへの挑戦』及び『地域福祉計画と地域福祉実践』、『コミュニティソーシャルワーク重要資料集』日本地域福祉研究所、2014 年 12 月 23 日を参考にしている。

11）例えば上野谷加代子（2015：3）は「小地域の福祉ガバナンス」を次のように定義している。「生活課題に対し、一定の地域で意思決定を行い、財源を集め、配分し、住民参加・関係性の構築により、主体性の向上を図り、住民が発見した問題を解決していく方法と仕組み（構造と過程）」。その上で、その形成にはソーシャルワークの機能が大きく関わると述べている。

引用文献

岩間伸之・原田正樹（2012）『地域福祉援助をつかむ』有斐閣。
上野谷加代子・斉藤弥生編（2015）『福祉ガバナンスとソーシャルワーク──ビネット調査による国際比較──』ミネルヴァ書房。
右田紀久恵編（1993）『自治型地域福祉の展開』法律文化社。
右田紀久恵（2005）『自治型地域福祉の理論』ミネルヴァ書房。
江口英一（1966）「日本における社会保障の課題」『経済学全集22「福祉国家論」別冊』筑摩書房、16-33。
大橋謙策（1976）「施設の社会化と福祉実践──老人福祉施設を中心に──」『社会福祉学』(19)、49-59。
大橋謙策（1981）「高度成長と地域福祉問題──地域福祉の主体形成と住民参加──」吉田久一編『社会福祉の形成と課題』川島書店、231-249。
大橋謙策（1985）「地域福祉計画のパラダイム」『地域福祉研究』(13)、1-11。
大橋謙策（1996）『地域福祉計画策定の視点と実践──狛江市・あいとぴあへの挑戦──』第一法規出版。
大橋謙策・原田正樹編（2001）『地域福祉計画と地域福祉実践』万葉舎、11-33。
大橋謙策（2002）「地域福祉計画とコミュニティソーシャルワーク」『ソーシャルワーク研究』28(1)、4-10。
大橋謙策（2005）「コミュニティソーシャルワークの機能と必要性」『地域福祉研究』(33)、4-15。
大橋謙策（2012）「岡村理論の思想的源流と理論的発展課題」松本英孝・永岡正乙・奈倉道隆編『岡村理論の継承と展開①社会福祉原理論』ミネルヴァ書房、268-277。
大橋謙策（2016）「地域包括ケアとコミュニティソーシャルワーク機能：新たな地平（特集コミュニティソーシャルワーカーは何を目指し、何を担うのか）」『コミュニティソーシャルワーク』(17)、5-20。
大山博・武川正吾編（1991）『社会政策と社会行政』法律文化社。
小倉襄二（1973）「地域福祉の現状と課題」『ジュリスト臨時増刊』(537)、147-153。
厚生労働省『地域包括ケアの深化・地域共生社会の実現』（平成28年7月15日）資料。
国土計画協会（1966）『市町村計画策定方法研究報告』国土計画協会。
定藤丈弘・坂田周一・小林良二編（1996）『社会福祉計画』有斐閣。
佐藤進（1973）「国と自治体の社会福祉行政の役割」『ジュリスト臨時増刊』(537)、51-57。
佐藤進（1977）「摂津訴訟と社会福祉行政の課題」『ジュリスト』(632)、36-42。
真田是（1977）「自治体と福祉」磯村英一編『現代都市の社会学』鹿島出版会、192-204。
菅沼栄（1973）「福祉行政における超過負担の問題」『ジュリスト臨時増刊』(537)、89-96。
住谷磬・右田紀久恵編（1973）『現代の地域福祉』法律文化社。
全国社会福祉協議会（1984）『地域福祉計画─理論と方法』。
全国社会福祉協議会（2002）『地域福祉計画に関する調査研究事業報告書』。
全国社会福祉協議会（2008）『地域における「新たな支え合い」を求めて：住民と行政

の協働による新しい福祉：これからの地域福祉のあり方に関する研究会報告』．
高沢武司（1976）『社会福祉の管理構造』ミネルヴァ書房．
武居秀樹（2001）「日本における「自治体版福祉国家」の形成・成立・崩壊──美濃部東京都政の歴史的意義と限界」『政経研究』（76）、16‐36．
武川正吾（1992）「地域社会計画と住民生活」中央大学出版部．
武川正吾（2002）「第2章地域福祉計画の策定」大森彌編『地域福祉と自治体行政』ぎょうせい、59‐87．
竹中和郎・副田義也（1965）「ボーダーライン階層の意識構造：とくに福祉行政にかんする意識を中心に・神奈川県・川崎市のばあい」『社會事業の諸問題』日本社會事業短期大學研究紀要13、27‐162．
中央社会福祉審議会社会福祉基礎構造改革分科会「社会福祉基礎構造改革について（中間まとめ）」（1998）．
寺脇隆夫（1975）「保育問題の背景と保育園の増設・整備」一番ヶ瀬康子・寺脇隆夫編『児童福祉行政の焦点──その現状と自治体の課題』都政人協会、85‐99．
日本地域福祉研究所（2014）『コミュニティソシャルワーク重要資料集』
原田正樹（2014）「地域福祉の基盤づくり──推進主体の形成──」中央法規出版社．
平岡公一（2007）「政策としての地域福祉計画」牧里毎治・野口定久編『協働と参加の地域福祉計画』ミネルヴァ書房、43‐54．
平野隆之（2008）『地域福祉推進の理論と方法』有斐閣．
星野信也（2000）『「選別的普遍主義」の可能性』海声社．
牧里毎治（2000）『地域福祉論』川島書店．
牧里毎治・野口定久編（2007）『協働と参加の地域福祉計画──福祉コミュニティの形成に向けて』ミネルヴァ書房．
牧里毎治・野口定久・武川正吾・和気康太編（2007）『自治体の地域福祉戦略』学陽書房．
松下圭一（1971）『シビル・ミニマムの思想』東京大学出版会．
三浦文夫（1985）『増補社会福祉政策研究──社会福祉経営論ノート──』全国社会福祉協議会．
三浦文夫・右田紀久恵・大橋謙策（2003）『地域福祉の源流と創造』中央法規出版．

第4章

「市町村社会福祉行政の
アドミニストレーション」の
機能と枠組みの検討

地方分権一括法を契機とした自治の拡大に伴い、市町村社会福祉行政の役割は拡大している。新たな地域包括支援体制の構築と運営に求められる「市町村社会福祉行政のアドミニストレーション」の課題は、地域自立支援を理念とした包括的な支援体制の構築にコミュニティソーシャルワーク機能をいかに位置づけるか、その基盤づくりをシステム化・政策化の次元までを総合的に推進する枠組みづくりにある。そのような実践課題をうけ、その政策運営を一体的に行うための「市町村社会福祉行政のアドミニストレーション」に関する機能と枠組みづくりは研究上の大きな課題となっている。

　本章では、地域自立生活支援の理念を具現化する地域福祉の方法論に位置づけられるコミュニティソーシャルワーク機能を軸にした「市町村社会福祉行政のアドミニストレーション」の機能と枠組みを検討する。

第1節

地域主権化と「市町村社会福祉行政のアドミニストレーション」の枠組み

1　市町村社会福祉行政に求められる政策運営の課題

　地域主権化にともない、これまでの社会福祉六法を中心とする市町村社会福祉行政は、地域主権化、規制緩和の時代に対応できる新たな方法、内容、権限による問題解決の枠組みへの転換を迫られている。

　2011年の地方分権一括法以降は、地域主権化、規制緩和時代の本格的な到来により、問題解決の最前線となる市町村は、地域の実情にあったサービス資源の調整や政策分野を横断する企画の総合化を推進しなければならない。そのためには、従来の地方自治における地域福祉計画の考え方及びその指針は見直さざるをえず、今後の地域福祉の推進に見合う企画調整計画の機能やワンストップ・サービス機能を担う専門職の配置や、その機

能を担保できる社会的企業等の外部組織への委託のあり方、並びに委託要件に関する検討も不可欠となる。地方自治体では社会福祉行政に地域福祉の推進を明確に位置づけ、個別の政策分野を総合的に展開することを可能にするような「市町村社会福祉行政のアドミニストレーション」の枠組みが求められる。市町村社会福祉行政の政策運営の枠組みづくりは大きな研究課題である。

　その政策運営の実践課題は、市町村を基盤とした地域包括支援体制の構築と運営に集約されているといってよい。これまでの地域福祉論の検討では、市町村を基盤にした地域福祉が大きく担ってきた社会福祉サービスのシステム化やコミュニティソーシャルワークのシステム化などのアドミニストレーション課題があった。地域主権化や規制緩和という社会福祉行政を取り巻く政治経済情勢の変化は、市町村社会福祉行政が自律的に政策運営を行う余地を拡大しているし、市場化する介護・福祉サービスを適切に管理監督する規制行政も重要な行政課題となっている。そのようななかで、これらの新たな行政課題を一体的に政策運営するような市町村社会福祉行政が求められる。

　【図表4‐1】は、「地域主権化時代に求められる市町村社会福祉行政のアドミニストレーションの課題」を地域福祉計画の枠組みとコミュニティソーシャルワークの構成要件を踏まえて再構成したものである。大橋地域福祉論の基本的枠組みにおいて、地域福祉計画【図表4‐1左】に位置づけられてきたアドミニストレーション並びにコミュニティソーシャルワーク【図表4‐1右】に位置づけられてきたソーシャルアドミニストレーションはいずれも、社会福祉行政機能のことを指す。地域福祉計画に位置づけられるアドミニストレーションであれ、コミュニティソーシャルワークに位置づけられるソーシャルアドミニストレーションであれ、社会福祉行政の関与のあり方を問題にしている点は共通している。ただし、2000年の社会福祉法の改正により地域福祉計画が、行政計画になった点についてはアドミニストレーションを考えるうえでも留意が必要である。その大橋謙策のソーシャルアドミニストレーション研究は、コミュニティソーシャルワークのサービスシステム化や「地域福祉の政策化」まで到達した。いわば、

図表4-1　地域主権化と市町村社会福祉行政に求められる
　　　　　アドミニストレーションの課題

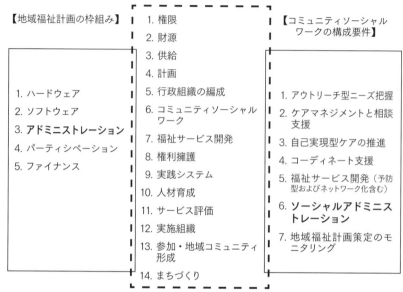

出所：地域福祉計画の枠組み、コミュニティソーシャルワークの
　　　構成要件については大橋（1985、1996、2002）に依拠している。

　地域自立生活支援を実現するための地域福祉実践からコミュニティソーシャルワークまでの進展は、近年の「地域福祉の政策化」に結実したと言える。
　しかしながら、地域共生社会を共通項に、公的介護保険制度を中心とする地域包括ケアシステムの構築・運営や包括的な相談支援体制をめぐる地域福祉の推進に向けた政策運営は、新たなソーシャルアドミニストレーション研究の課題を提起していると考えなければならない。その課題は、2000年以降のソーシャルアドミニストレーションの展開が、地域自立生活支援を政策課題に移行してきたことを踏まえ、第1に介護保険制度にもとづく地域包括ケアシステムの構築をめぐる市場型福祉・介護サービスの規制及びサービス監査と介護保険行財政をめぐる課題である。第2に全世代型地域包括支援体制のシステム化に向けて地域福祉の推進を図るためのコミュニティソーシャルワークのシステム化を福祉ガバナンスを含めて構築していくことが市町村社会福祉行政に関わるアドミニストレーションの課題

となる。

　第1の介護保険制度の行財政運営では、介護保険事業計画による総量規制の問題や、市町村特別給付の政策的運営、社会福祉法人の許認可権限や地域密着型サービスにおける指定基準並びに人員配置基準の弾力的な運営など、市町村社会福祉行政が自律的に取り組む政策的課題は政策横断化するとともに複雑・高度化している。介護保険制度の運営には、給付と負担のバランスを考慮し、財源にも配慮しながら、適切な介護保険事業計画の策定が求められる。ニーズの調査からサービス需要を予測して、施設サービスのみならず在宅福祉サービスにおいても、許認可権限を適切に用いてサービス需給を管理しなければならない。また、介護保険サービスは、単なるサービスの数量的な整備のみならず、サービスの質確保が求められる。サービス監査体制の見直しなど規制行政の強化やサービス評価システムの構築並びに研修システムの構築を通して、サービスの質向上に努めることが、中長期的な介護保険行政の効果的な運営には求められることになる。こうして考えると、介護保険行政の運営1つとっても、市町村社会福祉行政には「権限」や「財源」、「サービス供給」、「運営」を一体的に考える視座が求められる。市町村レベルにおける利用者利益の実現に向けた総合的な社会福祉行政が課題になる。

　他方、第2の全世代型の包括的な相談支援体制の構築と運営に向けたコミュニティソーシャルワークのシステム化と福祉ガバナンスの形成では、これまでの地域福祉が担ってきた住民自治による地域コミュニティづくりが不可欠になる。地域包括ケアシステムを支える上で重要な機能となる「協働」をどうコミュニティソーシャルワークを方法として福祉ガバナンスを構築するかが大きな課題となる。その役割を担ってきた地域福祉では、行政と地域住民の新たな協働のあり方を新たな主体のあり方を含めて検討していくことが求められている。そのなかでは、NPOや協同組合をはじめとする「ソーシャルエンタープライズ」を「実施組織」として位置づけ、障害者や生活困窮者の労働・雇用のあり方と学習・ボランティアを「参加」の問題として位置づけ政策的に推進するなど、地域コミュニティづくりを総合的に推進していく視座が求められる。このような全世代・全

対象型の包括的な相談支援体制を構築・運営するためには、地域福祉計画の政策的な機能や策定部門の位置づけをより明確化することや[1]、その策定から執行までの責任を負う「行政組織の再編」もソーシャルアドミニストレーションの研究課題となる。

2 「地域福祉のアドミニストレーション」から「市町村社会福祉行政のアドミニストレーション」へ

　市町村社会福祉行政の政策運営に関する課題は、三浦文夫の社会福祉政策研究から大橋地域福祉研究へと継承され、ソーシャルアドミニストレーション研究における1つの中範囲課題となってきた。

　国レベルの社会福祉政策の展開を課題としたソーシャルアドミニストレーションは、地域福祉へと展開し、地域福祉研究における地域福祉計画とコミュニティソーシャルワークの枠組みにおける実践を通して、市町村社会福祉行政が取り組むべき課題を提起するに至った。社会福祉関係八法改正を機に進むことになった1990年代の保健・福祉サービスの統合化やシステム化に関するアドミニストレーションの課題への政策的な対応は、地域福祉実践が先導的・補完的な役割を発揮し、社会福祉運営のアドミニストレーションを担ってきたという点を見逃すことはできない。

　1990年代の先進事例と言われる長野県茅野市をはじめとする地域福祉実践の事例をみても、実は市町村を基盤に展開する地域福祉が先導的な役割を果たし、本来市町村社会福祉行政が発揮すべき適切な社会福祉運営の役割を引き出したという側面が、「地域福祉のアドミニストレーション」機能を理解するうえでは重要な視点となる。この点こそ、地域福祉実践が市町村行政の運営力学に作用し地域福祉に変革を促すことを実証化した、地域福祉におけるリレーションシップ・ゴールの論議につながる重要なアドミニストレーション機能に関する実践であり研究であった。

　これまでのソーシャルアドミニストレーションの日本的展開を踏まえて、大橋地域福祉論のソーシャルアドミニストレーションに関連する主要な論文に検討を加えて、「市町村社会福祉行政のアドミニストレーション」を

5つの機能と14の実践要素に再構成した[2]。

　大橋地域福祉論の基本的な枠組みから、市町村社会福祉行政のアドミニストレーション機能を考えるうえで、関連のある実践要素としては、第1に「サービス利用者の保護」、第2に「サービスのコスト効率性」、第3に「社会福祉行政の適切な関与」、第4に「自治・行政の権限」、第5に「サービス運営」、第6に「サービス実践システム」、第7に「住民参加・地域コミュニティづくり」、第8に「サービス評価」、第9に「主体形成・福祉教育」、第10に「社会福祉行政の再編成」、第11に「公私協働の実践システム」、第12に「まちづくり」を抽出することができた。

　このアドミニストレーションに関連する実践要素の内容に、新たな政策動向を踏まえたアドミニストレーション実践の要素として、地域包括ケアシステムのサービス「供給の問題」、NPO及び社会的企業など「実施組織」「計画」「コミュニティソーシャルワーク」を加えて検討し、全部で14項目を抽出した。「主体形成・福祉教育」の重要性は言うに及ばずだが、主体形成は地方自治実践として考え住民参加・地域コミュニティづくりに含めて考えることにした。以上の検討から、「市町村社会福祉行政のアドミニストレーション」機能と実践要素からなる分析枠組みを構成した。

　「市町村社会福祉行政のアドミニストレーション」機能としては、「権限」、「財源」、「供給」、「運営」、「協働」の5機能となる。また、「運営」の実践要素として「計画」、「行政組織の編成」、「コミュニティソーシャルワーク」、「サービス開発」、「実践システム」、「権利擁護」、「研修システム」、「サービス評価」の8項目となる。「協働」の実践要素として、「実施組織」、「参加・地域コミュニティ形成」、「まちづくり」の3項目となる【図表4-2】。

　2011年に施行された「地域の自主性及び自立性を高めるための改革を推進するための関係法律の整備に関する法律」から数次の地方分権一括法以降、市町村社会福祉行政の権限はさらに拡大している。地域包括ケアシステムの構築と運営では、市町村社会福祉行財政の効率的な運営と合理化は介護保険事業計画をもとに、市町村が地域の実情に応じて進めることが可能になっている。例えば、ケアマネジメントによる予防介護を徹底することで、「財源」の合理化を図る自治体の事例もあり、介護保険行政にと

って財源管理は自治体経営の質を図る1つの指標にもなりつつある。介護保険事業計画の策定を通したサービスの必要量の確保や「サービス評価」の問題は「供給」を大きく規定する。その意味では「運営」に位置づけられる「計画」のあり方が一層重要になる。さらに行政と住民の「協働」を通した「地域コミュニティづくり」、「まちづくり」までを総合的に進めることができる「市町村社会福祉行政のアドミニストレーション」の枠組みにもとづく市町村社会福祉行政が求められる。

3 「市町村社会福祉行政のアドミニストレーション」の枠組みの検討

　大橋の地域福祉計画に位置づけられる「地域福祉のアドミニストレーション」概念を体系的に検討し、「市町村社会福祉行政のアドミニストレーション」の機能と枠組みを構築した検討過程を示せば図表のようになる【図表4-2】。

　「市町村社会福祉行政のアドミニストレーション」の枠組みに関する検討のベースになったのは、大橋による1985年に編まれた「地域福祉計画のパラダイム」の論文で示された枠組みである。第1章では学説史を分析するために1985年の大橋の地域福祉計画の枠組みに、地域主権化という時代状況を踏まえ「自治」、「コミュニティソーシャルワーク」、「新たな主体・社会的企業」の3つの新たな項目を追加した分析枠組みを設定した。そのうえで、日本における戦後社会福祉研究におけるソーシャルアドミニストレーション研究の課題分析並びに変遷を学説史的に整理した。その分析から、現在のソーシャルアドミニストレーションの課題が国から地方へと移行し、いくつかの政策運営課題を経て、市町村を基盤とした地域自立生活支援を推進するコミュニティソーシャルワークのシステム化並びに政策化が課題になっていることを理論仮説として設定して検討した。現在、市町村社会福祉行政における政策課題となっている地域包括ケアシステムの構築に関しては、高齢者・障害・子ども子育て等の全世代型地域包括支援体制の構築に政策的なウィングを広げており、地域コミュニティでその多くが支援困難事例となっているバルネラビリティに象徴される「生

図表4-2 市町村社会福祉行政におけるアドミニストレーションの機能的枠組みの検討ステップ

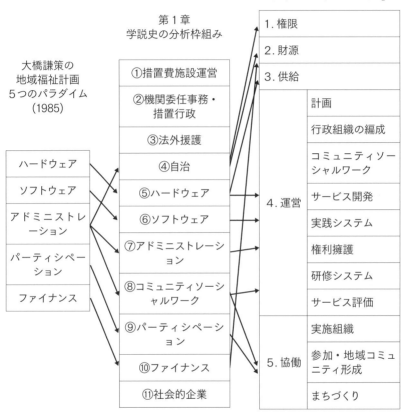

きづらさ」を個別支援につなげていくことは政策分野を横断する課題として捉えていかなければならない。

そのような市町村社会福祉行政の課題を踏まえれば、2011年以降のソーシャルアドミニストレーション研究の課題は、地域自立生活支援を理念にコミュニティソーシャルワークを軸にした市町村レベルでの政策化をもとに、地域包括ケアシステムをもう一歩進めた全世代を対象とした地

域包括支援体制の構築へと政策運営の焦点は移行したと言える。大橋は、2016年の「地域包括ケアとコミュニティソーシャルワーク機能——新たな地平」において、地域包括ケアをめぐるソーシャルアドミニストレーションの課題として、「地域自立生活支援のプログラムを最大限に尊重・遂行できるシステムの運営管理（ソーシャルアドミニストレーション）を誰が、どのような権限で行うのかという問題（社会福祉法人や地域密着型介護保険サービスの評価・許認可を担う人材の確保と市町村社会福祉行政のあり方）がある」と述べている（2016 大橋：11）。全世代に対応した地域包括支援体制が中長期的な政策課題になっている以上、その実現に向けては、実践システムの中核となるコミュニティソーシャルワークは「研修システム」をセットで政策化することを、ますます市町村社会福祉行政の地域福祉の政策論議として、地域福祉計画に明確に位置づけることが必要になる。あわせて、市町村の日常生活圏域にわけたニーズ調査から社会福祉サービスの提供までを実施する実践システムの構築と運用については、市町村社会福祉行政における介護事業計画の策定から運用までを横割りにマネジメントしていくような政策横断的な視点が不可欠になる。このような地域包括支援体制の構築から運用までの政策的な成否を左右するのは、行政の「権限」、「財源」、「サービス供給」を総合化した政策運営と行政をいかに水平的かつ一体的にアドミニストレーションできるかに関わっていると言っても過言ではない。

　さらに言えば、2015年から施行された生活困窮者自立支援事業を地域福祉計画に位置づけていくという政策的方向を考えても、コミュニティソーシャルワーク機能のシステム化は不可避であると言える。

　地域包括ケアと生活困窮者の問題の基底に所得管理や就労問題、生活技能と社会関係の不調和等の複合構造を有したバルネラビリティ問題がある。単身化社会が進行するいま、このような個別に生きづらさを抱えざるを得ないバルネラビリティの問題を切り離して市町村レベルの社会福祉問題を考えることは、政策的にも実践的にも事態の先送りに他ならず、事態の深刻化を招きかねない。介護保険の制度的枠組みであるケアマネジメントによる対応に限界がある以上、コミュニティソーシャルワーク機能のシステ

ム化を基盤に多職種連携を共通のアセスメントで実施し、地域ケア会議でサービス開発を検討するために、地域包括支援センターのワンストップ・サービス化を日常生活圏域に実践システムとして構築することが喫緊の課題となる。「市町村社会福祉行政のアドミニストレーション」は、このプロセスへ適切に関与し、かつ総合的なシステムを構築・運用していく責任がある。コミュニティソーシャルワークを起点にしたサービス開発と政策形成をどうシステム化していくかが市町村社会福祉行政に問われている。

第2節

地域包括ケアシステム運営の総合化と市町村社会福祉行政の課題

1　地域ケア会議の運営に求められるサービス開発と政策化

　地域包括ケアシステムの運営をめぐっては、その鍵とされる地域ケア会議には、コミュニティソーシャルワークの機能が位置づけられていなければ、いわゆる政策で期待されているところの新たな「サービス開発」や政策化に向けたボトムアップのベクトルは生成され得ない。
　ケアマネジメントによって把握される支援困難事例は、ケアマネジメントにおける介護保険の制度的なサービスの他に、地域福祉に連結するコミュニティソーシャルワークによるサービス資源の開発や計画化の機能が適切に位置づけられ、地域コミュニティづくりまで有機化していかなければ中長期的な視点に立った有効な対応は図れない。
　その意味では、地域包括ケアシステムの運営に位置づけられる地域ケア会議は、ケアマネジメントによるニーズ把握と支援困難事例を集めて関係者が問題解決にむけた議論を行えば進むというものではない。多くのバルネラビリティに共通する問題を地域生活課題として捉えて、地域ケア会議で合意形式を図り、問題解決につなげていくことが、「地域包括ケアの深

化・地域共生社会の実現」政策では求められる。現行の地域包括ケアでは、ケアマネジメントによる問題解決と支援困難ニーズの把握は可能でも、地域コミュニティを巻き込んだソーシャルサポートネットワークの形成や個別ニーズを起点にしたサービス資源の開発を含めた機能と展開は弱い。

　その手だてとなるべく地域包括ケアシステムにおいて制度化されている地域ケア会議は、介護保険制度と介護保険事業計画に位置づけられる会議であるゆえ、その手法はケアマネジメントにもとづく制度的な枠組みで運営される。したがって、地域コミュニティづくりまでを視野にいれること自体に難しさがある。支援困難事例等から把握される個別ニーズを起点にソーシャルサポートのネットワーク化やサービス開発をしていこうとする場合には、どうしても制度的枠組みにもとづくケアプランの作成では、限界をもたざるをえない。

　そのような限界を乗り越えるためには、現行コミュニティソーシャルワーク機能のサービス開発や計画化・政策化機能を地域福祉計画と介護保険事業計画の一体的な計画策定のプロセスに位置づけていくことが「市町村社会福祉行政のアドミニストレーション」には求められる。

2　市町村社会福祉行政の政策運営とコミュニティソーシャルワークのシステム化

　地域包括ケアシステムに関する運営では、地域包括支援センターのソーシャルワーク機能や社会福祉協議会のもつコミュニティソーシャルワーク機能は、地域福祉計画並びに地域ケア会議に位置づけてこそ地域包括ケア政策で期待される「サービス開発」や政策化までのベクトルを生成することができる。

　そのコミュニティソーシャルワーク機能では、多様な地域福祉実践によるアウトリーチ型のニーズ把握を強く意識化しなければならないし、地域コミュニティとの協働を形成することで、ニーズ把握のアンテナ機能を強化していくことが重要な視点になる。アウトリーチ型のニーズ把握を起点にしたソーシャルサポートネットワークの形成や多様な生活支援サービス

の開発と政策化がコミュニティソーシャルワークの理論的枠組みとして方法化されなければならない。

　地域包括ケア政策を、市町村単位に構築される地域自立生活支援システムという普遍化したタームに置き換えて考えてみれば、その解決すべき政策的課題は、個別的なニーズへの対応をいかに市町村単位で考えていくことができるかというステージに移行していると言える。その象徴的な政策課題は、単身化社会と8050問題であり、地域包括ケアによる施設サービスと在宅サービスの必要量を整備しただけでは済まない社会構造の変動に起因する問題と言えよう。これらの政策課題は介護保険制度に位置づけられる制度化されたケアマネジメントの枠組みでは、難しいことは明らかであり、アウトリーチ型のニーズ・キャッチシステムとしてのコミュニティソーシャルワークを媒介に、ニーズに応じた幅広い支援をコーディネートしワンストップ・サービスで考えることが重要になる。これらを実現するには、ニーディ・ニーズアセスメント[3]をもとにしたコミュニティソーシャルワークの展開が、システム化され、かつ政策的にも推進されることが不可欠であり、言わばコミュニティソーシャルワークのシステム化が「市町村社会福祉行政のアドミニストレーション」には求められる。

　その際コミュニティソーシャルワーク機能の政策展開を支える運営の基盤を市町村社会福祉運営体制のどこに求めるかは、いくつかの選択肢があろう。例えば、コミュニティソーシャルワーク機能を配置するとして、市町村社会福祉行政の窓口を直轄で実施・運営できるのか、あるいは地域包括支援センターに総合相談機能として持たせるのか。いずれにしても市町村社会福祉行政の適切な関与のもと、市区町村の社会福祉協議会や、住民自治型組織の地域福祉実践とも緊密な連携をとることは不可欠となる。行政と社会福祉協議会が強い協働のもと、コミュニティソーシャルワークの実践機能を豊かに地域展開するためのシステム化のアドミニストレーションを、少なくとも「権限」、「財源」、「供給」、「運営」、「協働」という5つのアドミニストレーション機能と実践要素を組み合わせ市町村社会福祉行政を総合化しなければならない。

3 　地域福祉計画と介護保険事業計画の相互補完性

　「市町村社会福祉行政のアドミニストレーション」では、市町村社会福祉行政がコミュニティソーシャルワーク機能を地域福祉計画に政策的に位置づけ、かつ具体的に施策化することが必要である。そして、地域包括ケアシステムとの運営をより総合的に推進するためには、それに合わせて地域福祉計画と介護保険事業計画を一体的に策定することが、「市町村社会福祉行政のアドミニストレーション」には求められる。そして、その推進には政策の具現化としての地域福祉計画を市町村総合計画に明確に位置づけるなど、それを社会福祉行政として組織的・総合的に推進するためのアドミニストレーションが必要になる。これまで社会福祉研究では、「市町村社会福祉行政のアドミニストレーション」を機能的に分節化し、かつ実践的な枠組みとして検討しようとする視点は弱かったと言える。

　今後の地域包括ケア政策の成否は、「地域コミュニティづくり」をいかに協働で推進するかにある。その両輪となる介護保険制度と地域福祉の推進は、「市町村社会福祉行政のアドミニストレーション」の「運営」レベルで統合的に進めなければならない。その要となるのが「計画」に位置する介護保険事業計画と地域福祉計画である。

　周知のように地域福祉計画は社会福祉行政の総合化を含意した計画である。地域福祉計画の策定自体が住民自治と主体形成の意味をもつ地域福祉実践であり、地域福祉において大きな意味合いをもたらせている。一方で、地域包括ケア政策の推進等、政策的・制度的サービスと相互補完関係に位置づけることで発揮される地域福祉推進が、高齢者・障害をもつ人・子ども子育て支援、生活困窮者等の政策分野と理論的にも実践的にも統合化された政策的な計画になっているかと言えば課題も多い。また、コミュニティソーシャルワークが展開できる基盤づくりが、地域福祉計画に書き込まれ、日常生活圏域でサービスシステムとして実践システム化されているかと言えば課題が多い。それぞれの政策分野との総合化についても、地域福祉計画を通じた施策の総合化は、多くの地域福祉計画の構成を見る限り、政策分野別の諸計画に整合性を図ることを実現している計画は、一部の先

進事例に留まるのが現状である。この点を踏まえても、現段階の地域福祉計画は、地域福祉の推進と地域包括ケアシステムの運営をコミュニティソーシャルワークのシステム化を含めて総合化する計画としては社会福祉行政上の位置づけは弱いと言える。

　市町村を基盤にしたより一層の地域福祉の推進に向けた展開という意味では、多様な政策分野別サービスの統合化・システム化を媒介するコミュニティソーシャルワークのアドミニストレーションを、いま以上に地域福祉計画に明確に位置づけていくことも必要になる。それには地域福祉計画が介護保険事業計画をはじめとする行政計画と整合的に策定されていくことも重要な条件となる。この点に関する市町村社会福祉行政による政策的なイニシアティブは、地域包括ケアの運営をめぐるアドミニストレーションに関する課題として極めて重要な実践上の課題であり研究課題としても位置づけられよう。本来、市町村社会福祉行政において体系的に策定されているはずの介護保険事業計画と地域福祉計画は、都道府県の医療計画を含めて有機化された計画として策定されているとは言えない状況ではないか。さらに言えば、一部の地域福祉の先進的事例は別にしても、地域福祉計画の運用にコミュニティソーシャルワークが方法としても、「実践システム」としても位置づけられているとは言えないのが実情であろう。

4　地域包括支援体制の構築と運営に求められる「市町村社会福祉行政のアドミニストレーション」

　市町村を基盤に高齢者から障害をもつ人、子ども子育て支援、生活困窮者等への総合的な相談支援機能をもつ地域包括支援体制を構築していこうとすれば、行政を中心としたソーシャルワーク機能をサービスシステム化していかなければならない。その際市町村社会福祉行政のアドミニストレーションに求められるのは、日常生活圏域にサービス圏域を設定して、総合相談機能を拠点化し、「コミュニティソーシャルワーク」「実践システム」「研修システム」を一体的にアドミニストレーションしていく社会福祉行政が求められる。その政策を運営する「市町村社会福祉行政のアドミ

ニストレーション」には、行政組織の編成に向けた3つのアドミニストレーションの視点がある。第1に、政策機能をもつ地域福祉計画を総合的に策定する「行政組織」のあり方、第2に個別・世帯単位で把握される複合的ニーズに対して分野横断的な問題への対応を目指せる「行政組織」のあり方、第3にサービス圏域ごとにつくられるセンター機能をもつ実践システムを運営する「行政組織」のあり方等、複合ニーズに丸ごと対応する包括支援と専門的な総合相談機能を中核にした市町村社会福祉行政を運営する「行政組織の編成」のアドミニストレーション問題がある。

地域福祉計画を策定する際の行政組織のあり方にも再編成が求められざるをえないし、コミュニティソーシャルワーク機能を展開するためには、福祉行政総合窓口や基幹的な地域包括支援センターに機能化し、そこで把握されたニーズをサービス開発につなげていくような社会福祉行政に関する組織のあり方が求められる。その意味では、ニーズとサービスを媒介するコミュニティソーシャルワーク機能を効果的に展開するための基盤としての「行政組織の編成」が求められることになる。

「行政組織」の再編には、財源の合理化・効率化の視点、それに伴う権限の弾力的な執行などが大胆に組織設計とともに検討されなければならず、いわゆる「政策目的の実現」「生活の質・幸福と福祉の最大化」を目指して予算・人事の弾力的な運用を可能にするような「行政組織の編成」が求められる。「市町村社会福祉行政のアドミニストレーション」は、法令に規律される行政運営の側面を基本におき、法令による「財源」・「権限」の執行と資源の配置である「供給」を基本に考えるが、「運営」をどうアドミニストレーションするか、「行政組織の編成」にかかわる論議は、大きな研究課題になってくる。地域包括支援体制の運営で、日常生活圏域にワンストップ型の総合相談窓口を設置する場合、ソーシャルワークを軸に全分野を包括的に進めるような行政組織のあり方を含めた行政組織の弾力的運営は課題となる。

また、ケアマネジメントやソーシャルワークの展開から把握される個別支援ニーズを起点にした福祉サービス等の「サービス開発」については、「市町村福祉行政のアドミニストレーション」の枠組みでは、地域ケア会

議及び地域福祉計画が実践的に問題になる。また、「サービス開発」では、社会福祉法人の地域貢献という観点からの先駆的実践が、自主事業から施策化され、その効果の検証とともに社会福祉事業となる等の「サービス開発」が考えられる。そのプロセスは、ニーズに応じた福祉サービスの提供から始まり、そのなかで既存の制度的サービスでは解決できない個別支援ニーズが、地域ケア会議・ケアマネジメントあるいは地域福祉計画の協議の場で検討され、フォーマル・インフォーマル資源が組織化され、実践仮説の検証というプロセスをもとに政策化されるという実践構造が先駆的実践からは析出される。

以上のコミュニティソーシャルワークをもとにした総合相談機能は、市町村の各サービス圏域にセンター機能等を有する「実践システム」として、政策分野別のサービスを統合化・システム化する社会福祉行政の「運営」におけるアドミニストレーションである。そこでは、コミュニティソーシャルワークの専門職の配置と「研修システム」の問題が、「サービス評価」をめぐる問題と合わせて検討していくことがアドミニストレーション上は重要となる。

市町村社会福祉行政における「研修システム」は、市町村レベルの政策運営を効果的に進めるためにも、重要なアドミニストレーションとなる。例えば、地域福祉並びにコミュニティソーシャルワーク機能の基本的な考え方の理解、またニーズへのアウトリーチ機能、地域ケア会議とサービス開発のあり方等の地域包括ケアで期待される地域コーディネートの基本的な理解は自律的な政策推進を大きく左右する。それと合わせて、地域を支えるボランティアや生活支援サポーターや認知症介護サポーター等の住民参加型福祉サービスの開発推進などにおいても、「研修システム」の構築が課題となる。

最後に、「サービス評価」について、急増する有料老人ホームやサービス付き高齢者住宅等の市場型福祉・介護サービスの問題がある。虐待やサービス利用者の囲い込み、とりわけ生活困窮層の高齢者への不利益が続発し社会問題化しているが都道府県・市町村社会福祉行政の適切な関与なくしてサービス利用者の利益を保護するためにも介護保険行財政の効率性の

観点からも、あるいはサービスの質水準を確保するためにも、放置が許されない重要な政策課題となる。市町村における地域支援事業の評価と介護保険事業計画を用いて目標や方針をどう明記していくかが課題となる。

第3節

「市町村社会福祉行政のアドミニストレーション」の分析枠組み

1 地域包括ケアシステムの運営と社会福祉行財政運営の課題
　　──「権限」、「財源」、「供給」、「運営」を中心に

　地方自治体の社会福祉行政に求められる介護保険運営には、介護保険財政の規律性を維持し、かつ適切な「権限」と「財源」の行使による「供給」を考える行政運営が求められる。

　市場型の福祉・介護サービスが増加するなか、市町村社会福祉行政による適切な「権限」の行使による管理監督とサービス監査を執行することが行政には求められるし、「財源」の面からコスト効率性が問われることになる。「供給」では、介護保険サービスの量的整備と質の確保を総合的に進めなければならない問題として把握される【図表4-3】。介護保険行政の政策的柱となる地域包括ケアをめぐっては、「権限」、「財源」と「供給」のあり方は、地方自治体の市町村社会福祉行政の基本的なアドミニストレーションの課題となる[4]。

　そのなかで、「市町村社会福祉行政のアドミニストレーション」の「権限」の問題で差し当たり大きな問題になってくるのは、条例化、許認可、監査、独自施策・加算である。また、「財源」は介護保険行政をはじめとする社会福祉行政のコスト効率と尊厳にも配慮した質の高いサービスを公平に提供する地域包括ケアを実現していくためのアウトプット及びアウトカムの効果測定の指標の1つになるものである。その意味では、「権限」

**図表4‐3　地域主権化時代における市町村社会福祉行政の
アドミニストレーションの機能と枠組み**

1. 権限	
2. 財源	
3. 供給	
4. 運営	①計画
	②行政組織の編成
	③コミュニティソーシャルワーク
	④サービス開発
	⑤実践システム
	⑥権利擁護
	⑦研修システム
	⑧サービス評価
5. 協働	⑨実施組織
	⑩参加・コミュニティ形成
	⑪まちづくり

と「財源」はもちろんのこと、地域福祉の「運営」や「協働」のまちづくりをトータルで捉える政策運営を実現する必要がある。それには、従来の措置委託という狭義の社会福祉管理運営ではなく、指定管理者制度やＰＦＩ（Private Finance Initiative：プライベート・ファイナンス・イニシアティブ）等を活用した整備事業を、いわば適確な行政需要の予測により、政策分野別のサービスを統合化、実践システム化することで、新たな社会サービスの創出に結びつけることも有効であろう。

　例えば、自治体によっては、採算ベースに乗りにくい介護保険サービスの運営と、高齢者福祉センター等の制度的な事業運営を掛け合わせることで、事業経営の相乗効果を狙うような運営もある。官民の協働による事業

運営として、事業者の経営の安定化を図るための施策を独自に調整するなど、権限と財源と供給並びに運営面の工夫も加えて一体的な政策運営の形を創造している。このような例を踏まえて、地域コミュニティの地域共生型社会の拠点になり、世代を限定することなく地域ニーズに応えるような包括的なサービスの創造につなげることができれば、行政にとっての事業効果や、事業者にとっての経営安定化のメリット、地域住民にとっても身近なニーズに応えるサービスが実現したことになる。

今後、「地域包括ケアの深化・推進」や「全世代型対応の地域包括支援体制の構築」が地域共生社会の実現に向けて大きな政策課題となるなか、株式会社に代表される民間組織をサービス資源として適切に管理し供給システムに位置づけていくことには、市町村社会福祉行政の適切な関与が求められる。それには、市町村社会福祉行政は、コミュニティソーシャルワークのシステム化など政策課題を地域福祉計画のなかに適切に位置づけていくことはもちろんだが、行政が許認可・規制とサービス評価を適切に行い、財源やサービス供給の問題を地域住民の利益を実現するために、政策分野を総合化する行政のアドミニストレーションが求められる。

2　「福祉でまちづくり」における地域福祉と「ソーシャルエンタープライズ」──「協働」の問題を中心に

地域包括ケアシステムの運営では、今後大きな課題になってくる「地域コミュニティづくり」は、いかなる方法で進めるのか、官民の「協働」による地方自治の活性化も大きな課題となる。

国レベルの地域包括ケアシステム運営の見取り図にはサービスの構成要素こそ示されてはいるものの、「地域コミュニティづくり」及び「まちづくり」に関しての方法論をめぐる理論的枠組みが明らかにされているわけではない。一部、先進自治体に分類される事例がないわけではないが、「地域包括ケアとまちづくり」のスローガンも、その内実はケアマネジメントの強化により予防効果をあげ、結果サービス・コストの効率化が介護保険料の軽減につながったという成功例に留まり、本格的な「地域コミュ

ニティづくり」及び「まちづくり」が始まっているわけではない。「財政合理化」に主眼をおいた介護保険行財政のアドミニストレーションとしては、確かに効果をあげている点は積極的に評価されて良いが、介護保険制度の地域包括ケア政策が目指す理念に照らして考えれば、その成功は限定された次元に留まるのではないか。社会福祉学研究が、理念的にも政策実践的にも目指す地平と社会福祉行政のあり方は、社会的バルネラビリティへのコミュニティソーシャルワーク支援をシステム化し、地域コミュニティづくりまでを一貫した視野にいれる理論的・実践的枠組みを有したアドミニストレーションモデルである。

　「協働」に関するアドミニストレーションでは、新たなパートナーシップの創造と新たな「実施組織」としてのソーシャルエンタープライズが問題となる。地域包括ケアにおいても、生活困窮者の論議においても、障害者の雇用のあり方をめぐっても、あるいは日本の津々浦々の町村行政運営を限界集落の問題として考えるうえでも、協同組合のあり方や、コミュニティビジネスのあり方等、社会的企業や社会起業に関する論議は、「地域コミュニティづくり」から限界集落をどう維持するかまで含め方法論の問題として大きな課題となる[5]。地域包括ケアシステムの論議において、他職種連携に軸足をおく政策論議を展開する堀田聰子（2014）は『オランダの地域包括ケア』をまとめている。そのなかでオランダ・モデルのビュートゾルフという看護職を中心とする他職種協働を社会的企業として展開する地域包括ケアに着目している。堀田の論議の中心は、オランダ・モデルの分析を通した他職種協働モデルに関する論考である。そのポイントは、第1に他職種協働に社会的企業を一枚噛ませることで、「地域コミュニティづくり」の論議までを視野に納めようとしている点に特徴がある。第2に、市町村主導から国の論議までつなげていこうとするボトムアップ型の政策的な戦略を採っている。その点は、これまでの国から地方へという旧来の政府間関係から地方分権に一歩踏み出した展開が、地域包括ケアシステムの構築と運営により可能になることを示唆している。さらに、堀田の論議には、市町村自治体に経営マネジメントが求められていることが示唆されている。それは、ビジョンを共有するとか、当事者意識を共有すると

か、経営マネジメントでは、エンパワメント・モチベーションをどう喚起するかという経営学における組織マネジメントに通ずる論議として理解されなければならない点を有している。

　この問題は社会福祉行政に限定した論議で終わらせることはできない、地方自治と市町村社会福祉行政に共通するアドミニストレーションに関する問題である。3章の大橋理論の検討からもわかるように、これまでは地域福祉実践を突破口に、市町村社会福祉行政に横串を通すようなアドミニストレーション実践が、地域福祉計画を1つの拠り所に実践システムを統合化・システム化し、コミュニティソーシャルワークを方法論に、実践展開してきたと言える。しかし、そのような先駆的地域福祉実践と実証化による理論化は、地域主権化時代に向けて、ネクスト・ステップに進む必要が出てきていると言える。地域包括ケアシステムの構築と運営をめぐるアドミニストレーションを考えることは、その1つの契機となる。さらに「協働」において政策課題となる「地域コミュニティ形成」と「まちづくり」は、地域福祉にソーシャルエンタープライズの論議を加えた「協働」のアドミニストレーションの問題である。市町村社会福祉行政は、適切な関与と権限の行使を通して新たな地方自治を切り拓く新たなステージに入ったと言える。

第4節

結論・まとめ

　「市町村社会福祉行政のアドミニストレーション」の機能と枠組みについて、5つの機能と11の実践要素から枠組みを構築し、課題について分析・検討した。

　地域主権化時代の「市町村社会福祉行政のアドミニストレーション」における課題は大きく分ければ、第1に市場型サービスに対する「市町村社会福祉行政のアドミニストレーション」が課題となる。この点は、市場型

福祉・介護サービスの運営をどう管理するかという課題が、監査・管理監督問題として、サービス質確保及びサービス評価の問題とセットで大きな課題となる。それには、「権限」によるサービスに関する適切な管理が「財源」と「供給」の視点から問題になる。また、「運営」では、計画で如何に関連サービスの評価に対する評価方針や目標を書き込めるか、計画による質確保のあり方が課題となる。さらに、日常生活圏域を対象にしたニーズ調査を数量調査のみならず、ソーシャルワークのシステム化により、アウトリーチ機能から多様な質的ニーズの把握を実施し地域ケア会議の「サービス開発」や「実践システム」の構築に向けたニーズ情報として活用したり、あるいは介護保険事業計画や地域福祉計画の策定に反映させていく等の、「計画」、「サービス開発」、「コミュニティソーシャルワーク」、「実践システム」という実践要素から構成される運営機能によるアドミニストレーションが求められる。

　第2に「協働」は、福祉ガバナンスの形成が市町村社会福祉行政にとって大きなアドミニストレーションの課題となる。地域福祉における新たな「実施主体」として、ソーシャルエンタープライズの位置づけをより明確にしていくこと、またソーシャルエンタープライズが「協働」と福祉ガバナンスの形成にどのような視点と枠組みで、「地域コミュニティづくり」を含めてその機能を果たしていくのかは今後の大きな課題である。それは、「地域コミュニティづくり」は市町村ごとに地域資源に応じて、ボトムアップ型に創造していくことが求められる。政策による資源配置では、「地域コミュニティづくり」の内実を豊かに展開できない。地域包括ケアや「まちづくり」には具体的な方法論が必要であるが、いくつかの先進的な事例では都市工学的なアプローチや文化人類学的なアプローチ[6]、あるいは、それらを組み合わせた「地域コミュニティづくり」・「まちづくり」もあるが、地域福祉とコミュニティソーシャルワークによる「地域コミュニティづくり」をもっと「まちづくり方法論」として意識していかなければならない。これまでコミュニティソーシャルワークは地域福祉計画を基盤に展開し、社会福祉を中心にしたシステムづくりと課題の計画化を図ってきたと言ってよい。しかしながら、地域包括ケアを軸とする「地域コミュ

ニティづくり」が本格的かつ政策的な論議にもなるなか、持続可能なまちづくりを地域住民の参加を得て進めていくことは、社会福祉行政に限定した論議にしておくわけにはいかない。

今後の「市町村社会福祉行政のアドミニストレーション」は、地域実情を踏まえて政策的に限られた資源をどう有効に活用していくか、各自治体のソーシャルアドミニストレーションにとっては共通課題になる。その課題を構造化するための機能の明確化と枠組みが必要になる。

注

1) なお、地域福祉計画の策定については、「地域力強化検討委員会（座長：原田正樹教授）」の検討を踏まえて、平成29年の社会福祉法の改正において、努力義務化されている。

2) 大橋は2006年厚生労働省全国社会福祉事務所所長会議講演（3）―1地域福祉のなかで、「市町村社会福祉行政の運営管理と地域福祉―福祉事務所の位置―」の役割について5つに整理している。第1に介護保険制度の保険者の役割及び課題と福祉事務所、第2に指定管理制度の導入、アウトソーシングの時代における社会福祉行政の運営管理と福祉事務所、第3に市町村における福祉サービスの向上と「公私」福祉人材の研修に関わる運営管理と福祉事務所、第4に地域トータルケアシステムと福祉事務所、第5に住民参加による運営管理と福祉事務所をあげている。

3) 第1章の【図表1-3】において、ニーディ・ニーズアセスメントとして整理している。ブラッドショーの分類で言えば、フェルト・ニーズとノーマティブ・ニーズの両方を理解しようとするニーズ把握と解釈することができるのではないだろうか。制度的なケアマネジメントによるニーズアセスメントは、いわば制度規範的なノーマティブ・ニーズとしての性格が強いと言える。一方で、個別の「生きづらさ」に焦点をあて、心理社会的な状況も踏まえた生態学的な生活環境の把握までを目指す点にフェルトニーズの特徴があると言えよう。その意味では、コミュニティソーシャルワークによるアウトリーチ型のニーズの把握は、ニーディ（人間）に対して極めて個別の状況を把握しようとする点に特徴があると言えよう。

4) 筒井孝子は「日本で言う地域包括ケアシステムに最も必要とされるのは、自治体の機能強化と言える。特に、自治体としての『governance structure（ガバナンスストラクチュア）』と『financial management（フィナンシャルマネジメント）』の知識と技能が求められている」と指摘する（筒井2012：55）。筒井の指摘は、欧州のニューパブリックマネジメントの文脈を念頭においた日本の自治体の行財政に対する指摘であると思われる。その指摘にもある通り、今後の市町村社会福祉行政の介護保険制度の運営を考えていく際、その健全性と合理的な運営も避けて通れない論議であることに間違いない。

5) 例えば、高知県が全域で事業化している「あったかふれあいセンター」の取り組みは、29市町村、37事業所、42カ所で実施している地域共生型の拠点事業である

（平成 28 年 9 月現在）。また、長野県高齢者協同企業組合泰阜の実践は、2009 年 5 月に国土交通省「街づくり交付金」により建設した地域交流センター悠々を拠点に、ケア付き住宅の賃貸やデイサービスから学童保育まで幅広く展開しており、協同組合方式による事業展開の成功例の 1 つであろう。

6）例えば、山崎亮（2016）『コミュニティデザインの源流』等がある。同書は、アーノルド・トインビーのセツルメントやウィリアム・オーエンの協同組合の歴史に光をあて、かつ日本の地域福祉にも関心を広げている。まちづくりの手法は、豊富なフィールドワーク実践を中心に、都市工学的なアプローチに学際的な知見を融合しようとする実践的視座を有している点でユニークである。また、この他にもホール・システム・アプローチを、コミュニティの対話空間の創造やネットワーク生成、まちづくりに生かす取り組みも、管見では学会報告レベルで散見されるようになっている。例えば、今後のまちづくりに参考になるダイアローグを主題にした著作としては、アダム・カヘン（2008）『手強い問題は、対話で解決する』やデヴィッド・ボーム（2007）『ダイアローグ─対立から共生へ、議論から対話へ』等がある。

引用文献

上野谷加代子（2006）「福祉コミュニティの創造にむけて」上野谷加代子・杉崎千洋・松端克文編『松江市の地域福祉計画：住民の主体形成とコミュニティソーシャルワークの展開』ミネルヴァ書房、40‐59。

大橋謙策（1978）「施設の社会化と福祉実践：老人福祉施設を中心に」『社会福祉学』(19)、49‐59。

大橋謙策（1981）「高度経済成長と地域福祉問題──地域福祉の主体形成と住民参加──」吉田久一編『社会福祉の形成と課題』川島書店、231‐249。

大橋謙策（1985）「地域福祉計画のパラダイム」『地域福祉研究』(13)、1‐11。

大橋謙策（1987）「在宅福祉サービスの構成要件と供給方法」『地域福祉活動研究』(4)、3‐9。

大橋謙策（1996）『地域福祉実践の視点と方法』東洋堂企画出版社。

大橋謙策（1996）『地域福祉計画策定の視点と実践──狛江市・あいとぴあへの挑戦──』第一法規出版。

大橋謙策・原田正樹編（2001）『地域福祉計画と地域福祉実践』万葉舎、11‐33。

大橋謙策（2002）「地方主権時代の自治体福祉政策の課題」『月刊自治フォーラム』(519)、2‐4。

大橋謙策（2002）『21 世紀型トータルケアシステムの創造──遠野ハートフルプランの展開──』万葉舎、12‐66。

大橋謙策（2002）「地域福祉計画とコミュニティソーシャルワーク」『ソーシャルワーク研究』28 (1)、4‐10。

大橋謙策（2005）「コミュニティソーシャルワークの機能と必要性」『地域福祉研究』(33)、4‐15。

大橋謙策編（2015）『ケアとコミュニティ──福祉・地域・まちづくり──』ミネルヴァ書房、1‐21。

大橋謙策（2016）「地域包括ケアとコミュニティソーシャルワーク機能：新たな地平（特集コミュニティソーシャルワーカーは何を目指し、何を担うのか）」『コミュニティソーシャルワーク』(17)、5‐20。

越智あゆみ（2011）『福祉アクセシビリティ――ソーシャルワーク実践の課題』相川書房。

アダム・カヘン（2008）『手強い問題は対話で解決する』ヒューマンバリュー。

白澤政和（2015）「地域包括ケアシステムの確立に向けて」『老年社会科学』37（1）、28‐35。

全国社会福祉協議会（1979）『在宅福祉サービスの戦略』全国社会福祉協議会。

全国社会福祉協議会（1984）『地域福祉計画――理論と方法』全国社会福祉協議会。

全国社会福祉協議会（2008）『地域における「新たな支え合い」を求めて：住民と行政の協働による新しい福祉：これからの地域福祉のあり方に関する研究会報告』全国社会福祉協議会。

筒井孝子（2012）「地域包括ケアシステムに関する国際的な研究動向」高橋紘士編『地域包括ケアシステム』オーム社。

筒井孝子（2014）『地域包括ケアシステム構築のためのマネジメント戦略―― integrated care の理論と応用――』中央法規。

土橋善蔵・大橋謙策・鎌田實・ほか（2003）『福祉21ビーナスプランの挑戦――パートナーシップのまちづくりと茅野市地域福祉計画』中央法規出版。

平岡公一（2007）「政策としての地域福祉計画」牧里毎治・野口定久編 『協働 と参加の地域福祉計画』ミネルヴァ書房、43‐54。

堀田聰子（2014）「オランダの地域包括ケア――ケア提供体制の充実と担い手確保に向けて――」『労働政策研究報告書 No. 167』独立行政法人労働政策研究・研修機構。

デヴィッド・ボーム（2007）『ダイアローグ――対立から共生へ、議論から対話へ』英治出版。

牧里毎治・野口定久（2007）『協働と参加の地域福祉計画――福祉コミュニティの形成に向けて』ミネルヴァ書房。

三浦文夫（1985）『社会福祉政策研究：社会福祉経営論ノート』全国社会福祉協議会。

三浦文夫・大橋謙策・右田紀久恵（2003）『地域福祉の源流と創造』中央法規出版。

三浦文夫（2003）「社会福祉政策と実践」『社会福祉研究』第87号、鉄道弘済社、66‐74。

山崎亮（2016）『コミュニティデザインの源流』太田出版。

第5章

地域共生社会時代の
市町村社会福祉行政の
アドミニストレーション課題

人口縮小化、単身化、多死化など人口動態の変化と地域社会生活を取り巻く諸条件が変動するなか、市町村社会福祉行政は、地域共生社会の実現を目指し、地域自立生活を実現するための新たなサービスシステムを構築することが政策課題となっており、その運営に向けて市町村社会福祉行政の組織編成は大きな転換期を迎えている。

　本章では、「『我が事・丸ごと』地域共生社会実現本部」における「地域包括ケアの深化・地域共生社会の実現」の政策内容並びに「地域力強化検討委員会報告」と、これら一連の社会福祉政策に関連する法改正の内容をもとに、今後の市町村社会福祉行政に求められる新たなサービスシステムの構築と、その基盤となる福祉ガバナンスの形成を推進する「市町村社会福祉行政のアドミニストレーション」の課題について検討する。以下では、「『我が事・丸ごと』地域共生社会実現本部」が目指す政策目標にもとづき「市町村社会福祉行政のアドミニストレーション」が求められる背景と意義を述べた上で、市町村の社会福祉行政組織の再編成の必要性について実践仮説を提示し論及する。

第1節

「市町村社会福祉行政のアドミニストレーション」と「行政組織の再編成」

　地域共生社会の実現に求められる「地域自立生活支援のアドミニストレーション」の枠組みは、いわば戦後社会福祉のソーシャルアドミニストレーション研究では7つ目のベクトルに位置づけられるアドミニストレーションである。

　さらに言えば、三浦文夫のコミュニティケア論と大橋謙策のコミュニティソーシャルワーク論を地域主権化、地域共生社会を迎えた市町村社会福祉行政に政策的、組織的にどう機能として位置づけていくかが大きな理論課題となる。

図表5-1 ニーズの変化とソーシャルアドミストレーションの課題の変容

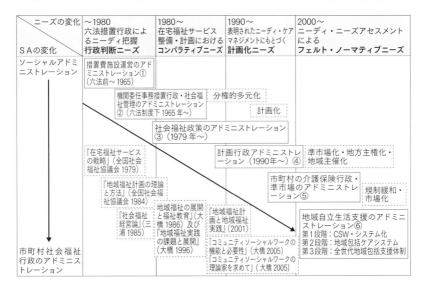

　これまでの日本の社会福祉研究におけるソーシャルアドミストレーションは少なくとも6つのアドミニストレーションと研究のベクトルが存在した。その1つは、①重田信一による「措置費施設運営のアドミニストレーション」であり、②高沢武司の「機関委任事務・措置行政のアドミニストレーション」である。その後、③三浦の「社会福祉六法・社会福祉政策のアドミニストレーション」から④大橋の「地域福祉のアドミニストレーション」へと展開し、2000年の介護保険制度以降では⑤「準市場化のアドミニストレーション」が大きな政策課題となった。2000年中盤以降は市町村を基盤とする新たなサービスシステムとしての地域福祉の推進や地域包括ケアシステムの構築等では、⑥「地域自立生活支援のアドミニストレーション」が大きな政策運営の課題となり第1段階として「コミュニティソーシャルワーク（CSW）・システム化のアドミニストレーション」、第2段階として「地域包括ケアシステムのアドミニストレーション」というステップを経て、第3段階として「全世代型地域包括支援体制のアドミニストレーション」が大きな政策課題となっている【図表5-1】。いずれ

のアドミニストレーション研究も、研究アプローチの違いこそあれ、社会福祉の実施体制におけるニーズ把握と政策課題の変化に応じて、社会福祉サービス供給体制に関する政策的、組織的、方法的な問題を研究対象としてきた。

　しかしながら、国レベルの社会福祉政策として社会福祉サービスの整備を推進した三浦の「社会福祉政策のアドミニストレーション」でも、市町村レベルの地域福祉の推進に関する大橋の「地域福祉のアドミニストレーション」においても、その実施主体である市町村社会福祉行政の組織編成を本格的なアドミニストレーション課題とする研究には進展しなかった[1]。ただし、大橋においては、1970年代には住民自治に立脚した社会福祉施設運営の重要性に言及しており、施設運営協議会の設置や公選制による委員の選任等を具体的な政策提言として行っている（大橋1976）。ソーシャルアドミニストレーション研究の学説史を踏まえても、社会福祉政策研究が、ながらく国の機関委任事務体制にもとづく社会福祉の実施体制を前提に研究が行われてきたという点を踏まえても、住民自治に立脚する地域福祉においても、社会福祉協議会を中心にした研究がメインであり、社会福祉サービスの実施体制の中核となる市町村社会福祉行政の組織機能に着目したアドミニストレーション研究への関心は、高くはならなかったのかもしれない。しかしながら、地方分権の著しい進展は地域主権化とも言える状況を迎えている。条例制定権の拡大とそれにもとづく自治組織権も大いに行使しながら政策目的に合致する組織づくりを行うことは、自治体経営時代に入った市町村社会福祉行政においても、もはや異論の余地はない。市町村社会福祉政策の運営においても、地域福祉の推進を実体的な政策として明確に位置づけて、その実行を確実なものとする「行政組織の再編成」が、「市町村社会福祉行政のアドミニストレーション」の最大の課題となっていると言っても過言ではない。

　そのような現状を踏まえれば、「『我が事・丸ごと』地域共生社会実現本部」における「地域包括ケアの深化・地域共生社会の実現」並びに地域共生社会の実現に向けた「全世代型地域包括支援体制の構築と運営」をめぐる「市町村社会福祉行政のアドミニストレーション」を考える際、その運

営については市町村社会福祉行政の組織機能を根本から検討する必要がある。

　これまでの国レベルの政策を推進する市町村社会福祉行政の実施体制の主な変更については、1990年代に遡れば市町村老人保健福祉計画の策定義務化を機に、保健・福祉分野を一体的に扱うための組織機能の見直しが行われている。また介護保険制度の施行を機に、介護保険行政に関する関係組織を新たに設置してきたという経緯はあるものの、それは国の政策に合わせた機能統合的な組織編成であり、本格的な市町村自治を目指した、市場化サービスへの監査機能を強化する専門官及び組織体制の構築や自治体独自の社会福祉人材の人的資源管理を可能にする研修システムを運営するような組織づくりにつながったというわけではない。

　今後の「市町村社会福祉行政のアドミニストレーション」が政策・企画を自律的に行い、新たなサービスシステムの運用を効果的に実施していくには、それに合わせた新たな行政組織の機能がなければ、地域福祉の推進は実体化していかない。地域福祉の実体化に向けた行政組織体制の課題を2つあげるとすれば、第1に、複合ニーズの構造と性格を踏まえた市町村社会福祉行政組織が中心となり、広く地域の公共民私の福祉資源をコーディネートできるコミュニティソーシャルワーク機能を備えた専従組織を設置することが課題となる。コミュニティソーシャルワーク・システムを運営していくためには、地域住民とのパートナーシップにもとづく福祉ガバナンスの形成が不可欠になる。地域福祉の推進をバックアップする市町村社会福祉行政の組織機能が不明確であり、さらに地域福祉に従事する自治体職員に対する後方支援体制が確立されていない。現状では、市町村全体の地域福祉推進を政策的にもソーシャルワークの視点からも、適切に方向付けていくアドミニストレーションに関する行政組織に関する機能は弱いと言わざるを得ない。

　第2に、「『我が事・丸ごと』地域共生社会実現」政策が問題にする複合ニーズに対して、申請主義、属性別のアセスメント、支援困難事例に対するソーシャルワークによる相談支援が統合されておらず、その実施組織となる市町村社会福祉行政組織の編成の問題を含めて包括的な対応を図る実

施体制が求められる。その際、複合ニーズの構造と性格を考えれば、行政の申請主義については適切な福祉サービスへのつなぎを含めた利用促進を図るためのアクセシビリティを保障するなど、アウトリーチ機能やワンストップ化を強化したサービスシステムの構築が課題となる。「全世代型地域包括支援体制のアドミニストレーション」は、ソーシャルワークによる相談支援機能を軸にした問題解決の体系である。その構成に位置づけられる医療・介護を中心とした実践システムの整備も、地域ケア会議でのサービス開発も、地域福祉計画の上位化も、ソーシャルワーク機能を効果的に展開できる「行政組織の再編成」が実施されてこそ、市町村レベルの政策の実行性を確保できるものと考える。その意味では、「全世代対応型地域包括支援体制の構築と運営」という政策課題は、言わば三浦理論・大橋理論の実践展開の集大成という性格をもった社会福祉政策であり、アドミニストレーションの課題は、コミュニティソーシャルワークのシステム化とその実施体制となる「行政組織の編成」が課題となる。

　今後の全世代型地域包括支援の運営体制は、既存の市町村社会福祉行政組織の機能的再編をアドミニストレーション課題として明確にすることが「『我が事・丸ごと』地域共生社会実現」政策に向けては重要になる。

第 2 節

地域共生社会政策と「市町村社会福祉行政のアドミニストレーション」実証的課題

1　地域共生社会政策における政策動向

　2015 年 9 月の「新たな時代に対応した福祉の提供ビジョン」では[2]、①地域課題の解決力の強化、②地域丸ごとのつながり強化、③地域を基盤とする包括的支援の強化、④専門人材の機能強化・最大活用という 4 つの改革の柱が示された。また、2016 年 7 月 15 日には、「『我が事・丸ごと』地

域共生社会実現本部」が設置され、「地域包括ケアの深化・地域共生社会の実現」政策の概要が示され、その10月には「地域における住民主体の課題解決力強化・相談支援体制のあり方に関する検討会（地域力強化検討委員会）」が、「地域強化検討委員会中間とりまとめ〜従来の福祉の地平を超えた、次のステージへ〜」をまとめ、新たな地域福祉の展開が課題として整理された。

　これまでの一連の改革内容は、市町村を基盤にした地域自立生活支援を本格的に整備する内容となっている。医療・介護連携の垂直統合を軸にした実践システムの構築をはじめ、高齢・障害・子ども子育て、生活困窮などの複合ニーズに対応する新たな相談支援体制の構築に向けて、ソーシャルワーク機能を軸にした包括的な相談支援体制の構築が政策の大きな柱となる。また、複合ニーズの特性を鑑み、ニーズ発見のアウトリーチ機能やワンストップ化などのアクセシビリティを高める視点をもった地域共生型サービス拠点の整備並びに弾力的な運営が可能となる人員配置基準等の見直しが行われた。これらの政策課題は、介護保険制度を基本とする地域包括ケアシステムの政策構想に加えて、「『我が事・丸ごと』地域共生社会実現」政策を具現化する地域の受け皿づくりを併せ持つ政策パッケージである。その実現には狭義の福祉政策・福祉サービスの枠を超えた広範な社会政策・社会サービスを連携させるような行政機能の検討と組織部門のあり方を再検討することが求められる。今後、市町村社会福祉行政の運営は、都市計画やまちづくりを抜きに構想することはできない時代になったと言える。

2　「市町村社会福祉行政のアドミニストレーション」の課題分析

　今後の地域共生社会の実現に向けて「市町村社会福祉行政のアドミニストレーション」の課題分析を、3「供給」、4「運営」、5「協働」という3つの大きな柱立てを行い整理しておく【図表5‐2】。3「供給」の問題としては、地域包括ケアシステムを成立させるうえで不可欠な医療サービスの整備を都道府県の地域医療構想・医療計画の策定といかに調整し、計画

図表5-2　市町村社会福祉行政のアドミニストレーション

1. 権限	
2. 財源	
3. 供給	
4. 運営	①計画
	②行政組織の編成
	③コミュニティソーシャルワーク
	④サービス開発
	⑤実践システム
	⑥権利擁護
	⑦研修システム
	⑧サービス評価
5. 協働	⑨実施組織
	⑩参加・コミュニティ形成
	⑪まちづくり

的なサービス配置とシステムの設計を介護保険事業計画で策定できるかが課題となる。また、4「運営」の問題として、ソーシャルワークのシステム化に関して、アウトリーチ機能をもった小規模多機能型の拠点機能の整備、ワンストップ化を可能とするフォーマル・インフォーマル資源のネットワーク化と専門的相談支援システムへのつなぎを構造化し、地域福祉計画に位置づけ継続的なフォロー体制を構築できるかが課題となる。さらに5「協働」の問題として、地域共生社会志向の経済と連結した福祉ガバナンス型のまちづくりに、社会起業やNPO等のソーシャルエンタープライズをどう位置づけ、協働型のまちづくりを推進していくか、その担い手づくり・組織づくりが課題となる。

第1に、「供給問題」では、地域包括ケアシステム政策において都道府県と市町村の医療・介護サービスの調整が最大の課題となる。地域包括ケアシステム政策では、市町村の日常生活圏域に在宅医療・介護サービスが24時間365日アクセシビリティにも配慮された利用しやすい形で整備されていることが地域住民の安心と福祉の向上につながる。単身化社会が進むなか、家族形態も多様化しており、多死社会を迎え尊厳ある最期をどう支援するか、看取りの問題や死後のケアを含めた課題への対応が市町村社会福祉行政には求められる。看取り、医療・看護機能をもった小規模多機能型の拠点整備、急性期への対応、回復期・慢性期の在宅医療・介護という統合的ケアに生活支援を含めた、包括的な退院支援を日常生活圏域にサービスシステムとして構築することが求められる。

　第2に「運営問題」では、全世代・全分野対応のソーシャルワークを軸とした相談支援体制の構築が課題となる。2016年の「『我が事・丸ごと』地域共生社会実現本部」では、個別の生きづらさが広がるなかで、高齢者・障害者・子育て領域に生活困窮が複合ニーズとなっていることの問題意識が大きな政策課題となっている。その複合ニーズは、従来の縦割りの政策領域と行政運営での対応は難しく、複合するニーズを「丸ごと」受けとめるソーシャルワークによる相談支援機能が重要になる。また、これまでの申請主義を脱却し、ニーズにアウトリーチしていくソーシャルワーク機能を地域拠点にどう付与していくか、新たなサービスシステムはワンストップで福祉専門機能につながるシステムの設計にする必要がある。

　第3に「協働問題」では、新たな次元が求められる地域福祉の推進に向けて社会起業やソーシャルエンタープライズ等の事業型組織を実施主体としてどう位置づけ参加や地域コミュニティづくり・まちづくりを行えるかが課題となる。地域包括ケアの推進や全世代・全分野対応のソーシャルワークを軸にした重層的な地域包括支援体制を構築していく場合、住民自治組織や機能的なアソシエーションをパートナーにした協働型地域コミュニティづくりをどう進めていくことができるか。2017年度の社会福祉法の改正に位置づけられた地域福祉計画のあり方には、まちづくりや地域経済を含めた政策横断的な展開が求められていることを踏まえれば、社会福祉

法人の大規模化や、社会医療法人、政策提言型NPOなどは、共通的価値の創出というCSV（Creating shared value）を実現するためにホールディングス形態のソーシャルエンタープライズとして地域経済を創っていく一翼を担わなければならない。

　地域包括ケア時代、地域共生社会時代という大きな社会福祉の転換期を迎えているなかで、地域主権化した市町村社会福祉行政は、新たなサービスシステムを構築し、それを効果的に運営するための「行政組織の再編成」が地方自治論、行政学、地域福祉を横断するアドミニストレーション研究の焦点になっている。

3　「市町村社会福祉行政のアドミニストレーション」に求められる実証的課題

　地域包括ケアシステムの充実強化も市町村を基盤にした包括的な相談支援体制の構築も、住民主体の問題解決を図るための地域コミュニティづくりも、市町村社会福祉行政のアドミニストレーションを可能とするような市町村社会福祉行政組織の検討が不可欠となる。「『我が事・丸ごと』地域共生社会実現」政策で求められる「市町村社会福祉行政のアドミニストレーション」の課題を例示的に示せば、少なくとも8つの実証的課題をあげることができる。

　①社会福祉の分野各域をなくせないとして、全体を調整する部門のあり方
　②上位計画としての地域福祉計画を策定する部門のあり方
　③社会福祉法人、介護保険の市町村分権化における監査指導体制
　④分野横断的な「丸ごと支援」実践部門と「専門的後方支援」機能の分離並びにシステムの明確化
　⑤一般行政職の人事異動と専門職の採用・配置との関係
　⑥市町村のすべての福祉領域における職員の研修体制のあり方と担当職員の資質

⑦ワンストップ相談体制のあり方
⑧分野横断的なサービス提供システムの構築と日常圏域毎のサービス整備量

　以下、「市町村社会福祉行政の専門性」に関連する市町村社会福祉行政のアドミニストレーション課題について限定し、①及び②、③の課題について検討する。また、介護保険制度における地域包括ケアシステムを含めた地域包括支援体制の構築と地域共生社会づくりという地域福祉の課題については、⑦及び⑧で課題の指摘に留めることにする。
　①の「社会福祉の分野各域をなくせないとして、全体を調整する部門のあり方」は、今後の地域共生社会の実現に向けて市町村社会福祉行政には、「福祉でまちづくり」を念頭においた企画・調整機能をもつ「行政組織の編成」が問われる。そのような組織機能を強化することで、福祉行政全体の政策化の機能を高めることにつながり、延いては、関係資源を掛け合わせた相乗効果を出すような政策イノベーションが創出されると考える。そのための市町村社会福祉行政には、全体の企画・調整を図る機能として、関連領域との政策連携を図るための「権限」と「調整・協議の場」を制度的に位置づけることが重要である。
　特に、市町村レベルにおける地域包括ケアシステムの運用では、従来の産業振興や雇用創出、住宅政策とコミュニティ政策並びに交通政策などを一体的に検討する視座が求められる。産業振興では、第六次産業化等の展開で、地産地消による地域経済の循環をつくること、生活困窮者や障害者就労を産業政策と結びつけて構想していくことなど、地域産業の実情を知る市町村行政だからこそ可能な政策連携が存在する。生活保護や生活困窮者の就労の問題であったり、障害者の労働・就労の問題は、単なる法定雇用率の問題として捉えるのみならず、障害者の労働のあり方や自己実現並びに第一次産業の人手不足・担い手不足とも関連する領域である。また、深刻化するコミュニティ維持の課題に直面する町村自治体にとっては、福祉サービスの受け手を支え手に位置づけていくという視座が求められる。
　それには、地域の実情に応じて多様な地域社会政策・社会サービスを政

策化する企画機能を強化した行政組織機能が重要になる。

　市町村社会福祉行政を管轄する行政組織は、市町村社会福祉政策の領域が多岐にわたることを踏まえて、政策目的に応じた政策課題の集約化と構造化、部門間の調整とサービス開発を総合化する実施機構づくりを担う組織部門を編成することが重要である。

　②の「上位計画としての地域福祉計画策定部門」は、地域福祉計画の上位化は、高齢・障害・子ども子育てなどの福祉領域を総合化する政策調整機能と、さらに関連政策領域である医療・保健、雇用、住宅、教育、参加・まちづくり、社会起業・NPOなどの施策との有機化・構造化を図ることが求められる。この市町村社会福祉政策の総合化は、これまでも地域福祉の推進として地域福祉計画の策定に推進力を求めてきたが、その総合化を図るための地域福祉計画の策定する行政組織の機能的な問題もあり、一部の先進的な事例を除き総じて成功しているとは言い難い状況にある。

　その点で言えば、地域福祉計画を政策計画として策定する場合、福祉政策を軸に各政策領域を横断する企画・調整・計画を総合化する「企画調整計画課」などの機能を担う組織部門の編成が必要になる。その役割は、全庁的な市町村総合計画に地域福祉計画を適切に位置づけるとともに、福祉行政を構成する高齢・障害・子ども子育て支援、生活困窮などを横断する政策企画の立案から計画実現を含めた調整機能を権限としてもつ政策調査組織であることが求められる。このような企画機能をもつ組織は、地域包括支援センターが実施する地域ケア会議とそこで求められる支援困難事例などの情報を集約し、サービス開発・政策形成に向けたシンクタンク的な行政機能を担うことが求められる。条例の制定並びに社会福祉法第7条にもとづく地方社会福祉審議会を諮問機関として市町村に条例設置することを含め、行政組織に政策調査・企画を可能とするシンクタンク的な専門機能をもつチーム編成並びに組織部門を人の配置を含めて考えていくことが求められる。

　③の「社会福祉法人、介護保険の市町村分権化における監査指導体制」では、市町村社会福祉行政には、サービス監査・調査機能をもつスタッフ型組織が必要である。市場化、専門化、多領域化した市町村社会福祉サー

ビスは、専門的な見地からサービス監査を実施しなければ、利用者利益の保護並びにサービスの質確保もできない。

　市町村社会福祉行政の政策運営にとって、市場型福祉・介護サービスの管理監督はどのように問題になるのか。適切な行政権限の行使、合理的な財源の執行、関連サービスの量的整備と質の確保のコントロールは給付と負担を司る市町村社会福祉行政の課題である。住居型有料老人ホームやサービス付き高齢者住宅、福祉機器の貸与や介護住宅の改修等の市場型サービスの参入分野については、サービス監査のあり方や規制行政を専門的に実施する人・組織づくりは、今後の地域包括ケアステムのサービスの質確保をめぐり大きな介護保険行政の課題となる。

　その意味では、地域包括ケアシステムの構築において増加の一途を辿る民間有料老人ホーム[3]やサービス付き高齢者住宅等の市場型福祉・介護サービスをめぐる管理監督に関する問題は、市町村の介護保険行政が適切な権限の行使を通じて、保険行政を持続可能なシステムとして運営していくための大きな行政課題である。これまでにも、不適切な事例が後を絶たず、高齢者虐待や低所得高齢者の尊厳をめぐる問題も深刻化している[4]。また、サービス付き高齢者住宅等におけるサービス利用者の囲い込みに通ずる不適切なケアプランの作成、とりわけ生活困窮層の高齢者への不利益が続発し社会問題化している。民間の株式会社等が提供するサービスであっても、介護保険制度における指定事業であれば、行政監査の対象ともなり管理監督の範囲となる。しかし、それ以外の住居型有料老人ホームやサービス付き高齢者住宅等は、原則的に市場型サービスと位置づけられるため適切な事業運営が実施されているか、その管理監督も困難を極める。現行の特別監査や一般監査は、経営が法制度にもとづき適正に執行されているかの監査であり、介護保険サービスなどが自立支援や尊厳に価値をおくケアサービスとして提供されているか、制度の主旨並びに理念に照らした専門性や満足度を評価するシステムにはなっていない。

　今後、市場化サービスが地域包括ケア政策の大きな構成を占め、さらに市場化する福祉・介護サービスは、団塊の世代を消費意欲の高いターゲットとして、混合介護をはじめとする介護保険外の多様なヘルスケアサービ

スの産業化が進むことになる[5]。居宅介護支援事業によるケアプランの作成で利用者の囲い込みや際だった数の訪問介護がプランニングされる等の問題が表面化するなかで、指定の取り消しや事業停止の処分、介護報酬の改正により減算の対象となるなどの対応が図られてはいるが、異分野からのサービス事業者の参入が増加する点を踏まえても、不正調査を行う指導監査体制を強化するための管理組織と監査専門官の育成を同時に進めていくことが市町村社会福祉行政の監査組織の編成には求められる。

⑦「ワンストップ相談体制のあり方」では、総合相談機能を有した行政窓口が求められるが、日常生活圏域ごとの地域福祉の関係機関・団体がブランチ的機能を果たし、専門行政機関につなぐことを可視化・仕組み化することが求められる。その点を踏まえ、①フォーマル・インフォーマルなサービス資源のネットワーク化の問題、②複合ニーズなど相談窓口がわからないという潜在化しているニーズに対して、福祉アクセシビリティを確保する、③市町村の管轄する専門相談支援機能とシステム化の問題に分けられる。

⑧「分野横断的なサービス提供システムの構築と日常圏域毎のサービス整備量」では、医療・介護連携の促進を日常生活圏域で適正規模にサービスシステムとして構築することが求められる。また、地域共生社会の実現に向けて介護保険法にもとづく地域包括ケアシステムに共生型サービス等を位置づけ弾力的な運営を可能にする等、障害者総合支援法における地域移行支援・地域定着支援などの問題と合わせて、その運営とケアマネジメント体制の連携をどう図っていくかも課題となる。いずれも、市町村社会福祉行政は、都道府県地域医療構想・医療計画と市町村老人福祉計画・介護保険事業計画を協議・調整し、日常生活圏域における医療・介護サービスの整備量をどうコントロールするかが課題となる。

以上、「市町村社会福祉行政のアドミニストレーション」の実証的課題をあげた。現状は、市町村社会福祉行政の組織体制においては、高齢・障害・子ども子育て、生活困窮に関わる相談支援機能が、地域包括支援センター等の運営に外部化されるなど、ニーズに応じたサービス開発や政策化に必要な情報集約機能が脆弱になっているという実態も一方で指摘される[6]。

地域主権化が進み、自律的な社会福祉行政の範囲が拡大するなかで、基幹的な相談業務を通じて集約される情報が「社会福祉行政の専門性」を高めていくことは、今後の社会福祉行政組織のあり方を検討していく上でも重要な視点となる。また、地方自治において市町村社会福祉行政が大きな領域となるなか、全体の政策を企画・調整する組織機能や地域住民とのパートナーシップにもとづく新たな福祉ガバナンスで展開される「丸ごと支援」を組織的にバックアップする機能と専門的後方支援体制の確立をどのような人的資源管理の戦略でアドミニストレーションするかなどが大きな課題となる。この点を踏まえれば現行の社会福祉行政組織には、少なくとも企画・調整機能と地域福祉推進をバックアップする専門的後方支援機能、そして社会福祉専門職の採用・配置・任用・研修システムまでを、一貫した人的資源マネジメントで専門的に実施・運営することができる社会福祉行政機能が求められる。

第3節

「市町村社会福祉行政のアドミニストレーション」の理論課題──「行政組織の再編成」に求められる3つの「社会福祉行政の専門機能」と組織部門

　今後の市町村社会福祉行政は、地方自治・行財政領域に占める比重においても、介護保険運営に求められる高度な需給管理・運営を担う技術的側面にしても、複合ニーズに対するコミュニティソーシャルワークを軸とした新たなサービスシステムづくりと住民自治という政策的課題への挑戦にしても、その政策過程・行政執行の全体を調整する機能並びにそれを担う行政組織と行政の専門性のあり方が問われることになる。「『我が事・丸ごと』地域共生社会実現」政策を踏まえた市町村社会福祉政策を構想していく場合においても、もはや従来の社会福祉のみで成立する政策領域ではなくなっている。多くの政策関連領域との政策横断的連携を推進するアドミ

ニストレーション思考・態度が自治体職員あるいは組織的になければ、高齢者の尊厳に価値をおく自立支援も障害者の自己実現も、子ども子育て支援の社会化を実現することは難しい。地方政府としての市町村社会福祉行政は、平等・公平という行政の原則を広くアドミニストレーションで求めながら、同時に資源効率にも配慮した合理的かつ相乗効果を創発していくような経営感覚をもたなければならない時代となった。今後の「行政組織の再編成」に向けた課題を3つあげるとすれば、第1に多領域化する社会福祉行政全体を専門的・政策的に企画調整する機能、第2に公共民私の社会福祉サービスを監査・評価する専門機能、地域福祉を推進する行政組織の明確化と専門的後方支援体制の確立、第3にそれを可能とする行政ソーシャルワーカーに関わる人的資源管理システムを運営する組織部門の検討が新たな自治体の福祉改革を考えていくうえでは理論的な課題となる。

⑴ 「政策企画・調整機能」を強化したスタッフ型の組織部門

　地域共生社会時代の市町村社会福祉行政には、まちづくりを含めた政策を地域福祉計画として策定できる「政策企画・調整機能」をもった行政組織のあり方が検討されなければならない。

　市町村分権化が進み、介護保険制度の運営においては、看取りの問題や認知症介護が介護課題となるなか、医療資源の確保と整備は大きな課題となっている。都道府県の医療計画と地域医療構想との協議・調整について、市町村介護保険事業計画と一体的に整備を進めていくための中核となる政策企画組織は明確とは言えない。

　地域包括ケアシステムでは、医療・介護機能を市町村を単位とするサービス圏域にどう計画的に配置するか、都道府県との調整過程と介護保険事業計画による需給管理は、いまの組織体制で十分であろうか。例えば、地方自治体では介護保険サービスの総量規制に応じたサービスの適切な管理をサービスの質確保を含めて介護保険事業計画あるいは地域福祉計画で実施できるかは組織体制に大きく依存する。また、「市町村社会福祉行政のアドミニストレーション」における「権限」「財源」「供給」「運営」「協働」の諸機能を構造的に捉え政策企画・調整することは、組織部門に関わ

る大きな課題と言える。

(2) 地域福祉の推進に向けた市町村レベルの「専門的後方支援」体制

　今後の市町村社会福祉政策では、市町村を基盤にした全世代型地域包括支援体制を運営する上でも、住民主体の地域共生型の拠点機能を運営する場合でも、日常生活支援総合事業を運営する上でも、地域自立生活支援を理念にコミュニティソーシャルワークを軸にした地域福祉の推進を総合的に進めていくことが福祉政策の目標となる。また、支援困難事例をもとに地域実情に応じたソーシャルサポートネットワークの形成やサービス開発を促進していくためには、市町村を単位とする地域ケア推進会議と地域包括支援センターが主催する地域ケア個別会議の適切な運営が鍵になる。介護保険制度にもとづく両会議の開催・運営については、ケアマネジメントによる地域支援機能のみならず、市町村レベルの地域福祉を推進する専門的後方支援体制の構築によりサポートをしていく必要がある。地域ケア会議の機能として期待される資源開発は、市町村直轄の地域包括支援センターが専門的後方支援機能を担うか、政策企画および研修企画とシステム化までを担う専門組織体制を構築しなければ、地域包括ケアシステムで求められるボトムアップ型の政策形成を行うことは現実的には難しい。「地域福祉推進の専門的後方支援機能」の開発と組織部門の確立が急がれる。

(3) 福祉行政専門職の採用・配置・育成・研修の組織体制

　地域共生社会政策を推進するためには、一般行政職の人事異動のあり方と福祉行政における専門職をどう育成するか中長期的な視野に立った「人的資源管理機能」が求められる[7]。

　本節(1)及び(2)で言及した市町村社会福祉政策に関する企画・調整・計画機能を併せ持つ組織部門を設置したとしても、地域福祉計画にしても介護保険事業計画を策定するにしても、計画策定期間を5年・10年として、フォローする期間を含めて一貫して関わるような人事上の工夫を行わなければ、政策全体の企画・調整に通じた福祉行政を専門とする自治体職員の育成は困難であろう。また、市場型福祉・介護サービスの質をどう確保

するか、増加する株式会社等の民間組織等が提供するサービスに対して[8]、市町村社会福祉行政がサービス従事者の質向上に向けた多様な研修のあり方と育成システムの開発に積極的に関与することで、福祉・介護サービス提供における全体の水準を押し上げることが可能なのか。

　市町村社会福祉政策の運営と福祉専門職の採用・配置・任用・育成を一体的に検討していくような研修を企画する行政専門組織の編成に関するアドミニストレーションは重要なものになる。地域主権化した市町村社会福祉行政は、福祉政策と専門職育成の研修を一体的に運営してく視座が求められる。その上で、市町村社会福祉行政に求められる組織機能・部門として、①社会福祉政策を調査・企画・計画化する専門機能をもつ人・組織づくり、②法定監査・サービス監査・評価機構を運営する専門機能をもつ人・組織づくり、③専門的後方支援機能並びに研修企画・システムを運営する専門機能をもつ人・組織づくりが求められる。いずれも「市町村社会福祉行政の専門性」を企画・開発・管理していくという組織づくり・人づくりに関わる組織編成上のアドミニストレーション課題となる。

　今後、市町村社会福祉行政が、高齢・障害・子ども子育て、生活困窮など多岐にわたる政策領域では、少なくとも以上述べた3つの「社会福祉行政の専門性」を機能的・組織的に確立していかなければならない。この「社会福祉行政の専門性」の確立を抜きにして、上位計画としての地域福祉計画の策定や社会福祉法人及び市場型福祉・介護へのサービス監査の実施も、地域ケア推進会議等の運営やニーズを起点にしたサービス開発や政策化のプロセスは描けない。社会福祉研究は、市町村社会福祉行政の専門機能を軸にした組織の再編成に関するアドミニストレーション研究に焦点をあてていく必要がある。

注

1）地域福祉研究では、大橋が1970年代から一貫して地方自治体論を主張してきているほか、右田紀久恵の論説も多数ある。この点については3章で詳しく述べている。

2）経済産業省や総務省、農林水産業をはじめとする多くの産業政策のなかで、厚生行政が位置づけてられている。AIおよびビッグデータの活用は、ヘルスケアサービ

ス産業や医療・介護にも活用が進む。愛知県豊橋市では、ケアプラン作成の実証実験を実施し実用化を目指している。

3）有料老人ホームは、老人福祉法第29条第一項にもとづき、老人の福祉を図るため、その心身の健康保持及び生活安定のため必要な措置として設けられている制度である。設置にあたっては都道府県知事等への届け出が必要だが、設置主体は問わないとなっている。厚生労働省老健局高齢者支援課・振興課課長補佐（高齢者居住福祉担当）山口義敬氏の作成した資料によれば（「介護を受けながら暮らす高齢者向け住まいについて─住まいとサービスの関係性」）、まず定義として「①食事の提供」、「②介護」、「③洗濯・掃除等の家事の供与」、「④健康管理」のいずれかのサービスを提供している施設ということになる。有料老人ホームに対する指導の考え方としては、未届けかつ1人へのサービス提供であっても、入居サービスと介護サービスを提供している場合は、有料老人ホームに該当する。また、入居サービスの事業者と介護サービスの事業者が異なる場合であっても、委託関係があったり、経営の一体性が認められる施設については、有料老人ホームとして扱って差し支えないという見解をとっている。

4）低所得高齢者の尊厳軽視については、大友芳恵が多くの事例をもとに、この問題にしている。（大友2013）

5）豊島区は、2018年度から介護保険と介護保険外サービスを同時に提供する混合介護を特区で開始している。厚生労働省・農林水産業・経済産業省（2016）『地域包括ケアシステム構築に向けた公的介護保険外サービスの参考事例集』を参照。

6）横山純一（2012）『地方自治体と高齢者福祉・教育福祉の政策課題』同文舘出版。

7）埼玉県和光市保健福祉部長の東内京一氏は行政組織における一般公務員の人事に触れながら、「特に、福祉行政においては10人中2人程度は、異動の期間を10年のワンスパンとして、次の担当と5年かぶらせることなど、今後重要課題です」と述べている（東内2017：31－32）。

8）平成27年度介護労働安定センターが実施した「介護労働実態調査」によると、経営主体別にみると訪問系、施設系（通所型）で、民間企業がNPOを含めると約7割にのぼる。就業形態について訪問・施設系（通所型）では非正規労働者（契約、嘱託）が6割を占め、介護サービス事業者の運営課題として、良質な人材の確保が難しいということが約5割を超える。

参考文献・引用文献

大橋謙策（1976）「施設の社会化と福祉実践──老人福祉施設を中心に──」『社会福祉学』(19)、49‐59。
大橋謙策・白澤政和共編（2014）『地域包括ケアの実践と展望』中央法規出版、3‐13。
大橋謙策（2016）「地域包括ケアとコミュニティソーシャルワーク機能」『コミュニティソーシャルワーク』(17)、5‐20。中央法規出版。
大橋謙策（2016）「〈総合コメント〉社会福祉法人のイノベーション　地域包括ケアシステムとコミュニティソーシャルワーク機能」

大森彌編（2002）『地域福祉と自治体行政』ぎょうせい。
大山博・武川正吾編（1991）『社会政策・社会行政論』法律文化社。
大友芳恵（2013）『低所得高齢者の生活と尊厳軽視の実態――死にゆきかたを選べない人々――』法律文化社。
小笠原浩一・栃本一三郎編（2016）『災害復興からの介護システム・イノベーション』ミネルヴァ書房。
鏡諭（2018）『介護保険制度の強さと脆さ――2018 年改正と問題点』公人の友社。
金井利之（2010）『実践自治体行政学』第一法規。
河合克義・菅野道生・板倉香子編（2013）『社会的孤立への挑戦――分析の視座と福祉実践――』法律文化社。
公益社団法人全国有料老人ホーム協会（2014）『平成 25 年度有料老人ホーム・サービス付き高齢者向け住宅に関する実態調査研究事業報告書』、平成 25 年厚生労働省老人保健事業推進費等補助金　老人保健健康増進等事業。
厚生労働省・農林水産業・経済産業省（2016）『地域包括ケアシステム構築に向けた公的介護保険外サービスの参考事例集』。
厚生労働省『地域包括ケアの深化・地域共生社会の実現』平成 28 年 7 月 15 日。
厚生労働省地域における住民主体の課題解決力強化・相談支援体制の在り方に関する検討会（2017）『地域力検討委員会最終とりまとめ――地域共生社会の実現に向けた新しいステージへ』。
厚生労働省「我が事・丸ごと」地域共生社会実現本部『「地域共生社会」の実現に向けて（当面の改革工程）』平成 29 年 2 月 7 日。
白澤政和（2018）『ケアマネジメントの本質』中央法規出版。
武川正吾（1992）『地域社会計画と住民生活』中央大学出版部。
東内京一（2017）「和光市における超高齢社会に対応した地域包括ケアシステムの実践：マクロの計画策定とミクロのケアマネジメント支援」宮城孝編『地域福祉のイノベーション』中央法規出版。
栃本一三郎（2002）「地域（コミューナル）社会政策＝対抗的社会政策の構想――既存福祉パラダイムと『地域福祉』からの脱皮」『月刊自治研』44（513）、43‐55。
冨山和彦（2014）『なぜローカル経済から日本は甦るのか』PHP 新書。
中島修・菱沼幹男共編（2015）『コミュニティソーシャルワークの理論と実践』中央法規。
西尾勝（1990）『行政学の基礎概念』東京大学出版。
原田正樹（2014）『地域福祉の基盤づくり――推進主体の形成』中央法規。
藤井剛（2014）『CSV 時代のイノベーション戦略』ファーストプレス。
横山純一（2003）『高齢者福祉と地方自治体』同文舘出版。

終　章

ソーシャルアドミニストレーション研究と社会福祉学研究の課題

本研究では、日本の社会福祉研究におけるソーシャルアドミニストレーション研究の学説史的検討を通して、1980年代の社会福祉政策研究から1990年以降の地域福祉研究への政策展開を分析し、「ソーシャルアドミニストレーションの日本的展開」という新たな視角を提示した。その代表的な研究として、三浦文夫の社会福祉政策研究と大橋謙策の地域福祉研究を分析し、実践科学・統合科学の論理構造をもつ社会福祉学研究の枠組みを明らかにした。その理論的枠組みをもとに地域主権化・地域共生社会時代に求められる「市町村社会福祉行政のアドミニストレーション」の機能と枠組みを提示し、今後のソーシャルアドミニストレーション研究に求められる市町村社会福祉行政の政策運営に関する実証課題と理論課題に言及した。終章では、研究の総括と今後の展望・課題について述べる。

第1節

研究の総括と今後の展望

1　日本の社会福祉研究におけるソーシャルアドミニストレーション概念と体系化

　日本の社会福祉研究において、語句的に用いられてきたソーシャルアドミニストレーション概念を三浦理論・大橋理論の検討を通して明らかにした。
　日本の社会福祉研究におけるソーシャルアドミニストレーション研究の学説史を繙くと、その中心となるのが三浦理論と大橋理論である。三浦理論は、国レベルの社会福祉政策の運営の枠組みをソーシャルアドミニストレーションの基本的枠組みとして、地方自治体の地域福祉に展開した。大橋理論は、個別支援ニーズに対して新たな社会福祉サービスシステムとしての地域福祉を地域福祉計画の枠組みで推進することを基本とし、その一連のプロセスに関わる行政機構を参加の問題も含めてソーシャルアドミニ

ストレーションの問題とした。これまで社会福祉研究においては、三浦の国レベルの社会福祉政策研究をソーシャルアドミニストレーションとする理解が通説であり、大橋の地域福祉をソーシャルアドミニストレーション研究として捉える研究はなかった。本研究では、三浦理論を中心とする国レベルのソーシャルアドミニストレーションに、大橋理論の市町村を中心とする地域福祉のアドミニストレーションの枠組みを含めて、日本の社会福祉研究におけるソーシャルアドミニストレーション研究として再構成した。

　ソーシャルアドミニストレーション研究の今日的な課題は、地域自立生活支援を基本的な枠組みとする問題解決にある。それには、市町村を基盤とした重層的な相談支援システムの構築とコミュニティソーシャルワーク実践と、社会福祉行政のアドミニストレーション、地域福祉にソーシャルエンタープライズを位置づけた地域コミュニティづくりとまちづくりを社会福祉学の実践枠組みとして体系化・理論化することが研究課題となる。社会福祉学研究は、ニーズ研究に始まり、ソーシャルワークを起点にした問題解決のプロセスで、他領域との学際的なアプローチを構成し、政策形成やまちづくりまでを視野に入れる実践科学・統合科学としての性格と構造をもつアプローチであることが明らかになった。社会福祉学研究が、市町村を中心にした地域包括ケアシステムの構築と運営の課題に、地域コミュニティづくりとまちづくりを含めて学問的にアプローチして政策提言をしていくためには、個別支援ニーズとソーシャルワークによる問題解決からサービス開発と政策形成までを体系的に捉え、かつ説明することができる社会福祉学実践の枠組みが必要である。その学論的な実践構造と体系は、日本のソーシャルアドミニストレーション研究の展開と構造に学ぶべきである。

　その枠組みは、地域主権化・規制緩和と地域福祉の政策化が同時に進む市町村社会福祉行政を考えれば、イギリス・ソーシャルポリシーをベースにした社会政策と社会行政を市町村レベルで総合化し、政策運営することも社会福祉学として研究課題にしていかなければならない。イギリスのソーシャルポリシーを構成する多様な社会サービスを提供する上では、行政

機構と組織編成のあり方をソーシャルアドミニストレーションの課題として捉え、ソーシャルワーク実践から福祉ガバナンスの形成と課題を提起し、地域包括支援体制の構築と運営のあり方並びに地域福祉計画と介護保険事業計画のあり方に対して、ボトムアップ型のベクトルで問題提示と政策提言を行うというソーシャルアドミニストレーション実践と研究が求められる。

2　政策ニーズの変化と6つのソーシャルアドミニストレーションのベクトル

　ソーシャルアドミニストレーション研究の課題が、市町村社会福祉行政の枠組みづくりであることを政策ニーズと社会福祉政策課題の変遷を検討することで明らかにした。

　日本のソーシャルアドミニストレーション研究を学説史的に検討すると、政策ニーズの変化にともない、政策運営の課題が変化してきた。日本の社会福祉実施体制では、社会的ニーズの特徴は大きく4つに時代区分でき、①行政判断ニーズ、②コンパラティブニーズ、③計画化ニーズ、④フェルト・ノーマティブニーズである。

　これまでの日本のソーシャルアドミニストレーション研究には、政策ニーズの変化に合わせて6つのソーシャルアドミニストレーションのベクトルがあり、「①措置費施設運営のアドミニストレーション」、「②機関委任事務・措置行政のアドミニストレーション」、「③社会福祉六法体制・社会福祉政策のアドミニストレーション」、「④社会福祉関係八法・計画行政のアドミニストレーション」、「⑤市町村介護保険行政・準市場化のアドミニストレーション」、「⑥地域自立生活支援のアドミニストレーション」が存在することを明らかにした。その到達点から、現在のソーシャルアドミニストレーション研究の課題は、「地域自立生活支援のアドミニストレーション」であることを明らかにした。2000年以降は、「地域自立生活支援のアドミニストレーション」は、さらに個別支援ニーズのアセスメントを課題としながら、第1にコミュニティソーシャルワークのシステム化、第2

に地域包括ケアシステムの構築と運営、第3に全世代型地域包括支援体制の構築まで進み、その政策課題が変化していることを示した。それを市町村レベルで総合的に運営するために7つのベクトルとして「⑦市町村社会福祉行政のアドミニストレーション」の枠組みが必要になることを明らかにした。

3 「ソーシャルアドミニストレーションの日本的展開」と実践構造

　ソーシャルアドミニストレーション研究の課題が地方自治体に移行するにつれ、その総合的な推進をはじめとする役割は地域福祉が担ってきた。しかし、地域主権化する市町村社会福祉行政のあり方をめぐっては、市場型サービスやサービスシステムの構築、福祉ガバナンス形成にソーシャルエンタープライズの育成・支援など、「地域福祉のアドミニストレーション」ではその対応に限界が生じている点を指摘した。

　ソーシャルアドミニストレーション研究は、三浦を中心に発展したが、これまで地域福祉の展開をソーシャルアドミニストレーションの政策運営課題として検討する社会福祉研究はなかった。三浦理論の実践展開は、地域福祉へと課題を移行させ、市町村を基盤とした新たな社会福祉サービスシステムとしての地域福祉がソーシャルアドミニストレーションの課題となった。

　1990年の社会福祉関係八法改正は、国レベルのソーシャルアドミニストレーションが、「市町村社会福祉行政のアドミニストレーション」に転換する大きなポイントになった。

　その転換点を三浦理論から大橋理論への「ソーシャルアドミニストレーションの日本的展開」として、これまでのソーシャルアドミニストレーション研究の系譜に位置づけた。かつソーシャルアドミニストレーションの政策体系と実践体系が、相互補完的な役割になっていることをを明らかにし、社会福祉学実践研究の体系と視座を明らかにした。三浦理論から大橋理論へと継承された実践課題の展開である「ソーシャルアドミニストレーションの日本的展開」の特徴は、①国レベルの社会保障・社会福祉の混在

型のアドミニストレーションから、市町村レベルのソーシャルワーク・社会福祉の自律型アドミニストレーションへ、②中央集権・機関委任事業のコミュニティ構想から、地方分権・団体委任事業のボランティアの構造化、③国レベルの施設・在宅サービス整備論から、市町村福祉計画・コミュニティソーシャルワーク統合システムへの移行として整理できる。

4　地域主権化時代の「市町村社会福祉行政のアドミニストレーション」の枠組み

　「地域自立生活支援のアドミニストレーション」課題を解決するために、ソーシャルアドミニストレーションの仮説的な枠組みを構築するために、大橋の地域福祉計画の枠組みである①ハードウェア、②ソフトウェア、③アドミニストレーション、④パーティシペーション、⑤ファイナンスに、「自治」、「コミュニティソーシャルワーク」、「ソーシャルエンタープライズ」を新たな分析項目として加え再構成した。

　大橋地域福祉論のソーシャルアドミニストレーション機能は、基本的には社会福祉行政が果たす機能を、社会福祉サービス運営、社会福祉行政の組織編成、参加を含めた公私協働による運営等からなる概念であった。地域主権化した市町村社会福祉行政を踏まえると、地方自治を実現するための権限は大幅に分権化された。また、コミュニティソーシャルワークの理論化が進み、地域福祉計画の策定から運用までを担う専門技術として確立されたこと、さらに政策運営をするうえで、ニーズへのアウトリーチをはじめ、ソーシャルサポートネットワークの形成や、サービス開発など、コミュニティソーシャルワークが政策運営の技術として不可欠な実践機能になっているという状況もある。さらに、単身化社会が常態化するなかで、地域自立生活支援を実現するためには、まちづくりを含めた地域コミュニティづくりにソーシャルエンタープライズを位置づけていくことが、生活困窮高齢者の尊厳や複合ニーズをもつ家族を包摂できるインクルーシブな地域コミュニティづくりを可能にするし、地域福祉イノベーションを活発なものにしていく上では不可欠な研究となる。

大橋地域福祉論の地域福祉計画とコミュニティソーシャルワークに位置づけられてきたソーシャルアドミニストレーション概念の分析では、これまでの地域福祉の推進による市町村を基盤とした社会福祉運営の枠組みと理論課題を明らかにした。大橋のソーシャルアドミニストレーション機能は、社会福祉行政のあり方及び関与に位置づけられてきた概念である。1970年代の機関委任事務下の市町村社会福祉行政過程の民主的プロセスの構築と主体形成を課題とした。また、1980年代の民間地域福祉計画の枠組みにアドミニストレーションが位置づけられ、1990年代のコミュニティソーシャルワークにおいても、社会福祉サービス運営や計画策定と運用に関わる行政的な機能としてアドミニストレーションを位置づけてきた。そのような一貫した位置づけのもと、市町村主権化時代を迎え、これまで地域福祉の枠組みで運用されてきたアドミニストレーション機能は、改めて市町村社会福祉行政の政策運営を総合化するための枠組みとして、「権限」、「財源」、「供給」、「運営」、「協働」に関するアドミニストレーション機能として改めて位置づけなおし、総合的な政策運営を行うための枠組みとして再構成した。

　以上、大橋地域福祉論の検討を踏まえて、市町村社会福祉行政の政策運営課題を分析する枠組みとして、「市町村社会福祉行政のアドミニストレーション」を5つのアドミニストレーション機能と11の実践要素で再構成した。

　「地域福祉の政策化」が本格化するなか、地域福祉計画・コミュニティソーシャルワークによるソーシャルアドミニストレーション機能は強化せざるを得ないし、そこで求められる政策運営の枠組みが「市町村社会福祉行政のアドミニストレーション」となる。

5　地域共生社会時代の「市町村社会福祉行政のアドミニストレーション」課題

　地域共生社会時代に求められる「市町村社会福祉行政のアドミニストレーション」の課題が「行政組織の再編成」にある点について実証的課題を

例示し、今後のソーシャルアドミニストレーション研究の理論課題について明らかにした。

「市町村社会福祉行政のアドミニストレーション」は、戦後社会福祉におけるソーシャルアドミニストレーション研究では7つ目のベクトルに位置づけられる課題となる。学説史的には、三浦のコミュニティケア論と大橋のコミュニティソーシャルワーク論を、今後の地域共生社会時代を迎えた市町村社会福祉行政の運営に、政策的、組織的、方法的に機能としてどう位置づけていくかが大きな課題となる。

「『我が事・丸ごと』地域共生社会実現」政策においては、地域包括ケアシステムの運営や地域共生社会の実現という大きな政策目的に向けては、市町村社会福祉行政のあり方と行政組織機能の再編成がアドミニストレーションの課題になる。同政策を踏まえても、市町村社会福祉行政には、自律的な政策運営がますます求められることになる。

そのなかでも政策の基調となっている地域包括ケアシステムの一層の推進を図る上で、医療サービスの確保と整備は大きな政策調整機能の課題となる。特に、都道府県と市町村を横断する地域医療構想・医療計画と市町村が策定する介護保険事業計画の問題は、地域包括ケアを日常生活圏域に整備していく上で不可欠な領域となる。単身生活者の在宅生活支援の増加や認知症ケアや看取りの問題は、適切な医療・看護機能をもったサービス拠点をいかに整備・運営するか、その医療・介護サービスの政策・実施過程をどう適正にマネジメントするか、行政の適切なイニシアティブと調整機能を可能にする組織機能と体制づくりが根本から問われる。

また、今後の市町村社会福祉行政には、創造的な地域福祉の推進を新たな福祉サービスシステムの運用をもとに実施するための政策・企画の自律的運営が求められる。そのための組織機能は、コミュニティソーシャルワークや共生型サービス等の新たな包括的サービスを柔軟に運用できるチームづくりや、包括化サービスに対応できる組織機能のデザインが、権限移譲を含めて検討が必要になる。さらに、ボトムアップ型の政策形成と地域福祉計画のあり方をめぐっては、上位化の趨勢を踏まえて福祉行政全体を政策企画にもとづき、調整、計画化するマネジメント機能と組織体制づく

りが求められる。そのためには、市町村の日常生活圏域レベルのソーシャルサポートネットワークの形成を含めた地域福祉推進を専門的に後方支援できる専門官を育成する等の人的資源管理が機能的にも組織的にも求められるようになった。

　さらに、地域包括ケアシステムの運営において、増加する市場型介護サービスの適切な管理体制の整備は不可欠である。利用者の権利擁護の観点からも、サービス評価を含めた適切な管理システムでサービスの質確保を進めることが、地域住民の安心につながる。市町村の日常生活圏域を基本とする地域包括ケアシステムの運営を効果的に推進するための行政組織機能については、特に政策調整機能についてアドミニストレーションが大きな課題となる。そこで、求められる「市町村社会福祉行政のアドミニストレーション」は、高齢者・障害者・子ども子育て支援や生活困窮者など、社会福祉政策それぞれの制度目的に沿って提供されるサービスを地域共生社会と地域自立生活支援という大きな理念に糾合していく全体最適を実現す政策横断化するための調整過程が、極めて重要な行政の役割になる。

　今後のソーシャルアドミニストレーション研究では、「市町村社会福祉行政のアドミニストレーション」を分析枠組みにした多くの実証的な研究課題がある。特に、「『我が事・丸ごと』地域共生社会実現」政策を踏まえては、少なくとも市町村社会福祉行政組織機能の見直しに関して、第1に政策調整機能及び組織部門の確立、第2に丸ごと・包括化支援への実践機能・部門並びに専門的後方支援機能のシステム化、第3に市場型福祉・介護サービスの専門監査機能と組織部門の確立が実践的・研究的にも課題となる。

第2節

各章の内容並びに明らかにしたこと

　第1章「ソーシャルアドミニストレーション研究の学説史的検討」で

は、日本のソーシャルアドミニストレーション研究の発展、並びに体系化に向けた視点と方法を検討するために学説史の検討を行い、そのなかでも1980年代以降の日本の社会福祉政策の展開に最も影響をもった三浦理論と大橋理論に焦点をあて、両者に通底する社会福祉学実践の問題意識と方法論を検討し、日本のソーシャルアドミニストレーション研究の体系化を図った。

第2章「ソーシャルアドミニストレーションの方法論」では、三浦のソーシャルアドミニストレーション研究に焦点をあて、同時代に位置する副田義也による三浦の社会福祉政策研究への評価を手かがりに、政策社会学の系譜の源流に位置する福武直の社会学の方法に関する問題意識を考察し、三浦の社会学的方法論へのスタンス並びに社会福祉経営論の方法論的な特徴について明らかにした。

また、それらの内容を踏まえつつ、ソーシャルアドミニストレーション研究の学論的構成を検討するために、マッキーバーの社会学とソーシャルワークの相互補完的な機能、大橋の分析科学と設計科学の統合論への問題提起をとりあげ、ソーシャルアドミニストレーション研究の方法論を検討し、社会福祉学研究の学的構成からその特質を検討し、研究視座及び実践構造を明らかにした。

第3章「地方自治体を基盤にした社会福祉行政のアドミニストレーションの展開」では、1990年の社会福祉八法改正以降の地方自治体を基盤にした地域福祉によるソーシャルアドミニストレーションに着目し、そのなかでも大橋の地域福祉計画とコミュニティソーシャルワークによる実践的枠組みに位置づけられるソーシャルアドミニストレーションの視座に着目し課題について考察した。そのなかでも、主として大橋の地域福祉論に位置づけられるソーシャルアドミニストレーション機能を検討し、地域福祉計画並びにコミュニティソーシャルワークの枠組みに位置づけられソーシャルアドミニストレーション機能と、「地域福祉アドミニストレーション」研究の到達点と課題について明らかにした。

第4章「『市町村社会福祉行政のアドミニストレーション』の機能と枠組みの検討」では、新たな地域包括支援体制の構築と運営に求められるア

ドミニストレーションの課題について、地域自立生活支援を理念とした包括的な支援体制の構築にコミュニティソーシャルワーク機能をいかに位置づけるか、またその基盤づくりとなるシステム化と政策化を総合的に推進するために求められる「市町村社会福祉行政のアドミニストレーション」の枠組みについて検討した。地域自立生活支援のパラダイムとも言える地域福祉の方法論に位置づけられるコミュニティソーシャルワーク機能を軸にした、新たな市町村社会福祉行政に求められるアドミニストレーションの機能と枠組みの理論仮説を検討し明らかにした。

第5章「地域共生社会時代の市町村社会福祉行政のアドミニストレーション課題」では、ソーシャルアドミニストレーション研究の焦点としての「市町村社会福祉行政のアドミニストレーション」が課題になっていることを述べた。政策動向・課題を踏まえて「行政組織の再編成」が課題となっており、行政組織機能について、各政策領域を企画・調整・計画する機能、地域福祉推進の専門的後方支援機能、専門的サービス監査機能が必要であることを明らかにした。

地域主権化した市町村社会福祉行政において、市町村社会福祉政策の運営においても、地域福祉の推進を実体的な政策として明確に位置づけて、その実行を確実なものにする「行政組織の再編成」が、市町村社会福祉行政のアドミニストレーションにおける最大の課題となっている。そのような現状を踏まえて、「『我が事・丸ごと』地域共生社会実現」における「地域包括ケアシステムの深化・推進」並びに地域共生社会の実現に向けた「全世代型地域包括支援体制の構築」をめぐる「市町村社会福祉行政のアドミニストレーション」を考える際、その運営については市町村社会福祉行政の組織機能を根本から検討する必要がある。

市町村社会福祉行政をめぐる政策動向からは、医療サービスの整備と計画的な推進にかかる調整機能が課題となっている。また、地域共生社会実現に向けては、地域福祉計画の政策機能を強化するための丸ごと・包括化支援の実践を専門的に後方支援する行政的機能が求められることに論及した。さらに、市場型サービスを適切に地域包括ケアシステムに位置づけていくためには、利用者の権利擁護の仕組みづくりに向けて専門的サービス

監査機能の開発と組織部門が必要となることを指摘した。

　以上の政策動向と「市町村社会福祉行政のアドミニストレーション」の実証的課題を踏まえた理論課題として、第1に「政策調整機能及び組織部門の確立」、第2に「丸ごと・包括化支援への実践機能と専門的後方支援機能のシステム化」、第3に「市場型福祉・介護サービスの専門監査機能と組織部門の確立」が今後の実践的な研究課題となる。

第3節

本研究の意義と限界、今後の課題

　本研究は、三浦理論・大橋理論の検討をもとに、国を中心に展開してきたソーシャルアドミニストレーション研究に対して、地域主権化時代に地方自治体が自律的な社会福祉政策を運営するための「市町村社会福祉行政のアドミニストレーション」という視角と枠組みを提示した。

　その枠組みをもとに、地域主権化・規制緩和時代の地域包括ケアシステム並びに地域共生社会の実現に向けた政策運営の課題について理論的な分析を行った。しかしながら、「『我が事・丸ごと』地域共生社会実現」で進展する「多機関の協働による包括的支援体制構築事業（28年度）」や「地域力強化推進事業（29年度）」の運営については、実証的な政策分析や評価研究については今後の研究課題とした。さらに、今後の課題を3つ述べる。

　まず第1に、英米の社会福祉政策の動向を踏まえたソーシャルアドミニストレーション研究をフォローしなければならない。本研究では、英米のソーシャルアドミニストレーションに関する翻訳研究並びに日本のソーシャルアドミニストレーション研究の学説史に焦点をあてたために、英米のソーシャルアドミニストレーション研究の最新の動向については、関連論文と基本文献を深く掘り下げた検討を行えていない。例えば、アメリカにおいてソーシャルワークのマネジメント化は早くから言われていることで

あるが、経営組織論を取り入れた組織論やリーダーシップ論、またアントレプレナーシップやソーシャルマーケティングの論議も盛んであるが、社会福祉行政組織の編成やソーシャルエンタープライズの位置づけ機能、実践的枠組みについては検討できていない。

　第2に、地方自治体の市町村社会福祉行財政の実態を踏まえた地域福祉推進をいかに政策として位置づけ、コミュニティソーシャルワークのサービスシステム化を政策的に進められるか。その政策推進を担保し、効果的に運営するための行政組織のあり方として、「企画調整計画部門」や「丸ごと支援部門」という再編成の論議が実証的な研究課題となる。本研究では、その点を指摘し、アドミニストレーションの枠組みの構成要素として位置づけてはいるが、地方自治並びに地方自治体論と社会福祉行政のあり方に関して、とくに福祉行政の組織編成について実証的な研究を実施できていない。

　現在の政策課題である地域包括ケアシステムの運営を効果的に推進しようとすれば、市町村社会福祉行政の問題として、保健・医療・福祉・介護サービスとソーシャルワークを統合化・システム化することは実践上の課題となる。さらに、次なる実践上の研究課題として行政組織の再編成の問題は、介護保険制度をはじめ、広く地域住民の利用者利益を実現したうえで、本丸に位置づけられるアドミニストレーション研究課題になる。

　第3に、「『我が事・丸ごと』地域共生社会実現」政策の関連事業について、市町村自治体の政策運営に関する実施状況について、「市町村社会福祉行政のアドミニストレーション」の分析枠組みを用いた評価の、実施並びに枠組みの検討が、今後の実証的な研究課題となる。住居型有料老人ホームやサービス付き高齢者住宅など、市場型福祉・介護サービスの許認可をはじめ管理監督の問題は、地域包括ケアシステムの構築並びに運営にとってサービス供給上の大きな問題となっている。市町村社会福祉行政が適切に関与するためには、少なくとも供給と規制の関係、並びに財源を包括的に捉える社会福祉行政の枠組みが必要になる。社会福祉法人及び介護保険制度の指定管理事業以外の株式会社等が経営するサービス付き高齢者住宅等は居宅介護サービスとの連携上の問題点やケアプラン作成のあり方

をめぐっては介護保険サービスの総量規制との関係で問題となる。その意味では、供給のアドミニストレーションとして、「指定基準・許認可のあり方」、「介護報酬の設定」、「市町村特別給付の運用」、「サービス監査の実施と監査者の育成」、「サービス評価」、「人材育成・研修システム」は、その質を確保する意味でも重要なアドミニストレーションとなる。

　また、地域包括支援体制構築の眼目は、生活困窮者支援と多様化・複合化するバルネラビリティに関する問題にあり、地域自立生活の実現に向けた地域共生社会の形成と福祉ガバナンスをどう構築するかは、地域福祉の課題そのものである。地域主権化時代を迎えたいま、市町村ごとに創造される地域自立生活支援システムの実現には、地域包括ケアシステムの構築と、それを運用するコミュニティソーシャルワークを方法論として位置づけ、地方自治体市町村の社会福祉行政を総合的に運営するための「市町村社会福祉行政のアドミニストレーション」の機能と枠組みの実証的研究課題が残されている。

〔参考文献〕

Anthony Forder（1974）Concepts in social administration, London ; Boston : Routledge & K. Paul.
Richard M Titmuss（1974）Social policy, London : Allen and Unwin : Unwin Hyman.
Victor George・Paul Wilding（美馬孝人・白沢久一訳 1989）『イデオロギーと社会福祉』勁草書房。
阿部志郎（1986）「セツルメントからコミュニティ・ケアへ」阿部志郎編『地域福祉の思想と実践』海声社、29‑75。
猪飼周平（2015）「「制度の狭間」から社会福祉学の焦点へ：岡村理論の再検討を突破口として（特集 支援の狭間をめぐる社会福祉の課題と論点）」『社会福祉研究』（122）、29‑38。
上野谷加代子（2003）「住民主体コミュニティケアの夢と現実」『総合ケア』13（12）、44‑48。
上野谷加代子（2015）「困りごとをともに考える地域づくり——生活困窮者の自立と支援」『月刊福祉』98（9）、10‑11。
英国バークレイ委員会報告（＝小田兼三訳 1984）『ソーシャル・ワーカー：役割と任務』全国社会福祉協議会。
大住莊四郎（2002）『パブリック・マネジメント　戦略行政への理論と実践』日本評論社。
大橋謙策（1986）「社会福祉におけるボランタリズムと有償化」『社会福祉研究』（39）、37‑42。
大橋謙策（1986）『地域福祉の展開と福祉教育』全国社会福祉協議会。
大橋謙策（1996）「市町村児童福祉行政のパラダイム転換と子ども家庭支援センター構想」『世界の児童と母性』（41）、32‑36。
大橋謙策（2000）「社会福祉基礎構造改革と人材養成の課題——地域自立生活支援とコミュニティ・ソーシャルワーク——」『社会福祉研究』（77）、18‑25。
大橋謙策（2012）『社会福祉入門』放送大学教育振興会。
大森彌・佐藤誠三郎編（1986）『日本の地方政府』東京大学出版。
小笠原浩一・武川正吾編（2002）『福祉国家の変貌——グローバル化と分権化のなかで』東信堂。
岡田与好（1981）「社会政策とは何か」『社会科学研究』32（5）、261‑275。
北村喜宣（2015）『自治力の躍動——自治体政策法務が拓く自治・分権』公職研。
金智美（2006）『福祉国家体制確立期における自治体福祉政策過程』公人社。
厚生省・社会的な援護を要する人々に対する社会福祉のあり方に関する検討会（2000）『社会的な援護を要する人々に対する社会福祉のあり方に関する検討会』報告書」。
高齢社会福祉ビジョン懇談会（1994）「21世紀福祉ビジョン——少子・高齢社会に向けて」。
国民生活審議会調査部会コミュニティ問題小委員会（1969）「コミュニティ——生活の場における人間性の回復」。

小林良二（1978）「シーボーム改革と組織問題に関する若干の論点」『季刊社会保障研究』14（4）、32‐46。
小林良二（1994）「自治体福祉行政改革における計画化と分権化」『社会福祉研究』(60)、42‐48。
真田是（1979）『戦後日本社会福祉論争』法律文化社。
佐々木信夫（2000）『現代行政学』学陽書房。
澤井勝（2007）「地域福祉と自治体財政」牧里毎治・野口定久・武川正吾・ほか編 『自治体の地域福祉戦略』学陽書房、119‐139。
L. M. サラモン（＝江上哲監訳2007）『NPOと公共サービス──政府と民間のパートナーシップ──』ミネルヴァ書房。
シーボーム委員会（1989）『地方自治体と対人福祉サービス』相川書房。
塩野宏（1984）「社会福祉行政における国と地方公共団体の関係」東京大学社会科学研究所『日本の法と福祉 福祉国家 第4巻』東京大学出版、307-361。
新藤宗幸（1996）『福祉行政と官僚制』岩波書店。
杉原泰雄（2002）『地方自治の憲法理論──「充実した地方自治」を求めて──』勁草書房。
ポール・スピッカー（武川正吾・上村泰裕・森川美絵訳2001）『社会政策講座 福祉のテーマとアプローチ』有斐閣。
ハリー・スペクト、アン・ヴィッケリー編（＝岡村重夫・小松源助・白沢政和他訳1980）『社会福祉実践方法の統合化』ミネルヴァ書房。
全国革新市長会・地方自治センター編（1990）『資料・革新自治体』日本評論社。
全国革新市長会・地方自治センター編（1990）『資料・革新自治体（続）』日本評論社。
全国社会福祉協議会『地域福祉計画に関する調査研究事業報告書（2002年3月）』。
高沢武司（1985）『社会福祉のマクロとミクロの間』川島書店。
高森・高田・加納・平野著（2003）『地域福祉援助技術論』相川書房。
高寄昇三（1993）『自治体経営論 宮崎神戸市政の研究 第3巻』勁草書房。
武川正吾編（2005）『地域福祉計画 ガバナンス時代の社会福祉計画』有斐閣。
武智秀之（2001）『福祉行政学』中央大学出版部。
田端光美（2003）『イギリス地域福祉の形成と展開』有斐閣。
R. M. ティトマス（＝谷昌恒訳1967）『福祉国家の理想と現実』東京大学出版会。
R. M. ティトマス（＝三友雅夫訳1981）『社会福祉政策』恒星社厚生閣。
東京大学社会科学研究所（1984）『福祉国家4 日本の法と福祉』東京大学出版会。
東京都社会福祉審議会（1986）「東京都におけるこれからの社会福祉の総合的な展開について（答申）」。
東京都地域福祉推進計画等検討委員会（1988）『東京都における地域福祉推進計画の基本的あり方について：中間のまとめ』東京都福祉局総務部調査課。
栃本一三郎（2002）『〔地域福祉を拓く①〕地域福祉の広がり』ぎょうせい。
栃本一三郎「社会福祉計画と政府間関係」三浦文夫他編『講座 戦後社会福祉の総括と二十一世紀への展望 III政策と制度』ドメス出版、95‐152。
永田祐（2011）『ローカル・ガバナンスと参加──イギリスにおける市民主体の地域再生──』中央法規。
中邨章（2003）『自治体主権のシナリオ──ガバナンス・NPM・市民社会』芦書房。

西尾勝（2007）『行政学叢書5 地方分権改革』東京大学出版会。
日本学術会議　第18期社会福祉・社会保障研究連絡委員会（2003）「社会福祉・社会保障研究連絡委員会報告　ソーシャルワークが展開できる社会システムづくりへの提案」
野口定久（2014）『ソーシャルワーク事例研究の理論と実際――個別援助から地域包括ケアシステムの構築へ――』中央法規。
ロバート・D・パットナム（＝柴内康文訳2006）『孤独なボウリング――米国コミュニティの崩壊と再生――』柏書房。
ハドレイ, R. クーパー, M. デール, ステイシー, G. 共著（＝小田兼三・清水隆則監訳1993）『コミュニティソーシャルワーク』川島書店。
濱野一郎・大山博編（1988）『パッチシステム　イギリスの地域福祉改革』全国社会福祉協議会。
平岡公一（2003）『イギリスの社会福祉と政策研究――イギリスモデルの持続と変化――』ミネルヴァ書房。
マイケル・ヒル／ゾーイ・アービング著（＝埋橋孝文/矢野裕俊監訳2015）『イギリス社会政策講義―政治的・制度的分析』ミネルヴァ書房。
ロバート・ピンカー（＝栃本一三郎訳1983）「社会政策とは何か」『季刊社会保障研究』19（2）、130－146。
ロバート・ピンカー講演集（＝岡田藤太郎監訳1986）『'90年代の英国社会福祉』全国社会福祉協議会。
ロバート・ピンカー（＝星野政明・牛津信忠訳2003）『社会福祉三つのモデル』黎明書房。
藤村正之（1999）『福祉国家の再編成――分権化と民営化をめぐる日本的動態』東京大学出版会。
藤森克彦（2010）『単身急増社会の衝撃』日本経済新聞出版社。
ビクター・A・ペストフ（2000）『福祉社会と市民民主主義――協同組合と社会的企業の役割』日本経済評論社。
星野信也（1982）「福祉施設体系の再編成と課題」『社会福祉研究』(30)、62‐67。
星野信也（1983）「福祉政策をめぐる国と自治体」『都市問題』74（1）、15‐32。
真山達志（2001）『政策形成の本質――現代自治体の政策形成能力』成文堂。
三浦文夫（1969）「社会福祉ノート――社会保障と社会福祉――（一）」『月刊福祉』52（4）、42‐45。
三浦文夫（1969）「社会福祉ノート――社会保障と社会福祉――（二）」『月刊福祉』52（5）、44‐47。
三浦文夫（1969）「社会福祉ノート――社会保障と社会福祉――（三）」『月刊福祉』52（6）、44‐47。
三浦文夫（1969）「社会福祉ノート――社会保障と社会福祉――（四）」『月刊福祉』52（7）、50‐53。
三浦文夫（1969）「社会福祉ノート――社会保障と社会福祉――（五）」『月刊福祉』52（8）、48‐58。
三浦文夫（1969）「社会福祉ノート――社会保障と社会福祉――（六）」『月刊福祉』52（9）、46‐49。

三浦文夫（1969）「社会福祉ノート――社会保障と社会福祉――（七）」『月刊福祉』52(10)、50‐53。
三浦文夫（1969）「社会福祉ノート――社会保障と社会福祉――（八）」『月刊福祉』52(11)、44‐47。
三浦文夫（1970）「社会福祉ノート――社会保障と社会福祉――（九）」『月刊福祉』53(1)、51‐54。
三浦文夫（1970）「社会福祉ノート――社会保障と社会福祉――（十）」『月刊福祉』53(2)、44‐48。
三浦文夫（1970）「社会福祉ノート――社会保障と社会福祉――（十一）」『月刊福祉』53(3)、46‐49。
三浦文夫（1970）「社会福祉ノート――社会保障と社会福祉――（十三）」『月刊福祉』53(5)、48‐52。
三浦文夫（1973）「社会福祉と計画」『季刊社会保障研究』8(4)、27‐39。
三浦文夫（1973）「社会福祉行政における施設サービスと居宅サービス」『ジュリスト臨時増刊』(537)、58‐62。
三浦文夫（1979）「社会福祉における在宅サービスの若干の課題」『社会福祉研究』(24)、9‐14。
三浦文夫（1980）『社会福祉経営論序説――政策の形成と運営』碩文社。
三浦文夫（1981）「法外施設としての有料老人ホームをめぐる若干の課題」『社会福祉研究』(28)、7‐11。
宮本憲一（1976）『社会資本論』有斐閣。
宮本太郎（2013）『社会的包摂の政治学――自立と承認をめぐる政治対抗――』ミネルヴァ書房。
宮本太郎編（2014）『地域包括ケアと生活保障の再編――新しい「支え合い」システムを創る』明石書店。
横川正平（2014）『地方分権と医療・福祉政策の変容――地方自治体の自律的政策執行が医療・福祉政策に及ぼす影響――』創成社。
吉原雅昭（1989）「英国における「グリフィス論争」が我々に問うもの」『日本の地域福祉』(3)、6‐22。
吉原雅昭（1991）「Welfare Pluralismと福祉ミックス論――英国と日本における社会福祉改革「論」についての一考察――」『社会問題研究』40(1・2)、147‐176。
フィル・リー／コリン・ラバン（＝向井喜典・藤井透訳 1991）『福祉理論と社会政策――フェビアン主義とマルクス主義の批判的交流――』昭和堂。
マイケル・リプスキー（＝田尾雅夫・北王路信郷訳 1986）『行政サービスのディレンマ ストリート・レベルの官僚制』木鐸社。
和気康太（2011）「地域福祉実践研究の方法論的課題――地域福祉計画の研究・開発と評価研究を中心にして」野口定久・平野隆之編『リーディングス日本の社会福祉 第6巻 地域福祉』日本図書センター、191‐210。
渡邉洋一『コミュニティケア研究』相川書房。

謝辞

　本書は、東北福祉大学博士学位論文「地域主権化時代の市町村社会福祉行政のアドミニストレーションの機能と枠組みに関する研究」に加筆・修正をおこなったものです。前半の学説史の検討や社会福祉政策および地域福祉の理論研究に関しては、わかりやすさを心掛け、難解な記述など大幅に整理し直しました。また、後半の「市町村社会福祉行政のアドミニストレーション」の枠組みを用いた政策分析と実証課題、理論課題の析出については、「『我が事・丸ごと』地域共生社会実現」に関する最新の政策動向を踏まえ大幅に加筆・修正しました。第5章については、ほぼ全面的に書き下ろしました。さて、本書のもとになった博士学位論文を書き上げるにあたっては、多くの皆様にご指導とご協力を賜りました。ここに心より感謝を申し上げる次第です。

　特に、お忙しいなか、主査の大橋謙策先生、副査の故志田民吉教授、審査員の萩野寛雄教授、外部審査員の上野谷加代子教授（同志社大学）にはここに厚く御礼申し上げます。

　大橋謙策先生には、論文全体に大所高所から大きな方向性を与えてくださったことはもちろんですが、雑駁なレジュメに多くの助言と先生ならではのエピソードを交え、教え導いてくださいました。そして、何より今後の研究者人生の財産になったのは、先生から研究者として道を違わぬよう薫陶を受けることができたことです。「実るほど、頭を垂れる稲穂かな」という言葉を忘れず、研究教育に携わる者として人間を磨いて参りたいと存じます。本書の公刊に当たっては多くの示唆に富む議論をさせて頂きながら、気を緩めがちな筆者に対して、襟を正すよういくつものご助言を賜りました。本当にありがたいと存じます。

　副査の故志田民吉教授には、学部時代の卒論の審査からお世話になっております。先生からの温かいお言葉にも勇気づけられ、論文の最終局面をなんとか書き抜くことができました。また、審査員は、萩野寛雄教授にお

引き受け頂きました。萩野教授には、大学に赴任して以来、フィンランドプロジェクト等を通じて、様々な機会でご指導を賜る機会がありました。論文の審査にあたっては、まことに丁寧に論文を読んで頂き、稚拙な文書に対してアカデミックかつ技術的な点からのご指導を賜ることができました。

外部審査員は、上野谷加代子教授にお引き受け頂きました。国のお仕事に多数従事されるという大変お忙しいなか、論文の隅々まで読んで頂き、その後の論文修正に有益な視点を得ることができました。

公聴会では、白澤政和教授、小笠原浩一教授、塩村公子教授、田中治和教授、都築光一教授より、それぞれのお立場から本論に貴重なコメントとご助言を賜ることができました。今後の研究課題とさせて頂きます。

渡辺信英先生には、学部時代から公私両面で言いつくせないほどの学恩を頂きました。こうして博士論文を書き上げ公刊できたのも、東北福祉大学という地方の一私立大学でありながら一流の教授陣をはじめとした、恵まれた研究環境を惜しげもなく提供してくださった先生のおかげです。先生からの学恩は、私が今後かかわる学生に、先生のような朗らかさで還元して参りたいと存じます。

このように本書の公刊に当たって多くの皆様のご助言を賜りましたが、編集については、中央法規出版株式会社第一編集部の野池隆幸課長とのご縁を頂き大変お世話になりました。最初の打ち合わせで、わざわざ東北福祉大学までご足労のうえ、励ましのお言葉を頂いたことが、編集の原動力になったことは間違いありません。ここに記して、心より感謝申し上げます。

私が、テーマとして取り上げたソーシャルアドミニストレーションは研究範囲が広く、学際的で、なおかつ実証的・実践的な学術的領域であります。今回、論文として1つの形にはなりましたが、その意味では、今後に多くの課題を残すことにもなりました。英米の社会政策論の理論的な枠組みから、三浦理論・大橋理論の課題を分析することや、アメリカのソーシャルワーク研究におけるアドミニストレーション概念やマネジメントといった組織科学的な研究については、ほぼ今後の課題となっています。また、

地方自治・行財政学については、本書の主題の核心に関わる大きな研究課題となります。この点については、本研究で深く立ち入れていない点も多く、審査員の萩野寛雄先生からも、地方自治の理解については厳しい指摘を頂きました。大橋先生が社会教育行政や施設の社会化論で展開してきた地方自治を切り拓くような研究にしていくためにも、今回を一里塚に新たな出発点に立った意識で、今後の大きな研究課題とさせて頂きます。

　最後に、東北福祉大学大学院の大橋ゼミ通称「大橋塾」を巣立つ研究者として、東北の大地にしっかりと根を貼り、大きな実りをもたらすよう、研究教育に、微力ながら貢献して参りたいと考えています。

2018年8月3日

森　明人

〔索引〕

アルファベット

CSV（Creating shared value） 146
NPO 115
PFI 129

あ行

アウトリーチ機能 142, 143
アウトリーチ型のニーズ把握 122
アクセシビリティ 142, 143
アドミニストレーション 20, 98
安心生活創造事業 100

イギリスのソーシャルアドミニストレーション研究 10

右田紀久恵 36, 92

小笠原浩一 43
大橋謙策 7, 36, 41, 52, 65, 92
大橋地域福祉論 97, 100, 101, 113

か行

介護保険行政 47, 115, 117, 128
介護保険事業計画 118, 122, 124, 144
革新市政 84
監査指導体制 148
監査専門官 150

企画・調整機能 147
協働 130
協同組合 115
行政組織の再編成 142, 146, 163
行政組織の編成 126, 147

ケアマネジメント 100, 120
ケアリングコミュニティ 96

コミュニティソーシャルワーク 41, 99, 100, 105
コミュニティソーシャルワーク機能 122
コミュニティビジネス 131
コンパラティブ・ニーズ 51, 55

さ行

サービス開発 121, 122, 148
サービス監査 128
サービス評価 127
サービス付き高齢者住宅 127, 149
在宅福祉サービスの整備 9
参加 103, 115, 145

シーボーム報告 5
市場型福祉・介護サービス 128, 149
市町村社会福祉行政 20
市町村社会福祉行政のアドミニストレーション 12, 19, 51, 96, 102, 117, 118, 125, 128, 141, 146, 162
市町村社会福祉行政の専門性 147
市町村総合計画 89, 94, 95, 148
指定管理者制度 129
指導監査体制 150

自治型地域福祉　85
自治型地域福祉論　36, 91
実践科学・統合科学　11, 65, 67
社会改良　10
社会起業　131, 144, 145
社会福祉サービス供給論　9
社会福祉改革　46
社会福祉学研究　11, 65, 79
社会福祉関係八法改正　9, 42, 46, 97
社会福祉基礎構造改革　95
社会福祉協議会　123
社会福祉経営論　34
社会福祉研究　7
社会福祉行政の専門性　151, 154
社会福祉政策研究　6, 40
主体形成　103, 124
住居型有料老人ホーム　149
住民参加　94
住民自治　124
重田信一　5, 31
準市場化　47
障害者総合支援法　150
条例制定権　86

政策企画・調整機能　152
生活困窮者自立支援事業　120
専門的後方支援　151, 153

ソーシャルアドミニストレーション　10, 20, 44, 86, 98, 99, 100, 101, 113, 139, 158
ソーシャルアドミニストレーションの日本的展開　9, 11, 47, 50, 161
ソーシャルアドミニストレーション研究　4, 9, 34, 38, 41
ソーシャルアドミニストレーション研究の学説史　31, 160
ソーシャルエンタープライズ　115, 131, 144, 145
ソーシャルサポートネットワーク　54, 103, 122

ソーシャルポリシー　40, 75
ソーシャルポリシー研究　10
ソーシャルワークの統合化・システム化　9, 11, 99
ソーシャルワーク機能　122

た行

高沢武司　5, 31
単身化社会　123

地域ケア会議　121, 142
地域コミュニティづくり　121, 124, 130, 145
地域医療構想・医療計画　143
地域自立生活支援　11, 119
地域主権化　20
地域福祉のアドミニストレーション　20, 102, 116, 118
地域福祉の政策化　3
地域福祉計画　29, 94, 95, 96, 103, 124
地域福祉計画の上位化　148
地域福祉研究　6
地域福祉問題　85
地域包括ケアシステムの構築　117
地域包括ケアの深化・地域共生社会の実現　121, 143
地域包括支援センター　47, 121, 123
地域包括支援体制　145
地域包括支援体制の構築　119, 125
地方社会福祉審議会　148
地方分権一括法　117
地方分権化　21

ティトマス　10, 53

索引　179

な行

日本のソーシャルアドミニストレーション研究　6

ノーマティブニーズ　47

は行

8050 問題　123
バルネラビリティ　63, 106, 120

ビュートゾルフ　131

フェルト・ニーズ　47
福祉ガバナンス　103, 106, 114, 141
福祉コミュニティ論　51
福祉でまちづくり　147
福祉行政専門職　153
福祉国家運営　78
福祉多元主義　6

星野信也　5, 35
包括的な相談支援体制の構築　115

ま行

まちづくり　132, 145

三浦文夫　5, 34, 37, 38, 40, 43, 51, 66

や行

有料老人ホーム　127

ら行

リレーションシップ・ゴール　93, 116

わ行

「我が事・丸ごと」地域共生社会実現本部　142, 146
ワンストップ　142, 143
ワンストップ・サービス　123
ワンストップ相談体制　150

著者紹介

森　明人（もりあきと）

　宮城県仙台市出身。東北福祉大学卒業、東北福祉大学大学院修了後、青森中央短期大学並びに東日本社会福祉専門学校勤務を経て、2008年に東北福祉大学の専任講師として着任、現在、東北福祉大学准教授。博士（社会福祉学）。

　〈主な論文〉「地域福祉に求められる災害対応―3.11東日本大震災の復興からみえてきたこと―」、『東北福祉大学大学院研究論集』No.11（2014年）、「大震災と地域福祉における危機管理の課題」『地域福祉研究』No.42（2014年）、「災害時要援護者と『災害福祉リスク』概念の検討―3.11東日本大震災の被害実態の検証から―」『危険と管理』第45号（2014年）、「コミュニティソーシャルワークの特質と現代的意義―地域福祉の理論的系譜と構成概念の多角的検討―」『東北福祉大学研究紀要』第35巻（2011年）。

市町村社会福祉行政のアドミニストレーション
―― 三浦理論・大橋理論から新たな展開へ

2018年10月1日　発行

著　者	森　明人
発行者	荘村明彦
発行所	中央法規出版株式会社
	〒110-0016　東京都台東区台東3-29-1　中央法規ビル
	営　　業　TEL03-3834-5817　FAX03-3837-8037
	書店窓口　TEL03-3834-5815　FAX03-3837-8035
	編　　集　TEL03-3834-5812　FAX03-3837-8032
	https://www.chuohoki.co.jp/
印刷・製本	株式会社高山

定価はカバーに表示してあります。
ISBN978-4-8058-5751-9

本書のコピー、スキャン、デジタル化等の無断複製は、著作権法上での例外を除き禁じられています。また、本書を代行業者等の第三者に依頼してコピー、スキャン、デジタル化することは、たとえ個人や家庭内での利用であっても著作権法違反です。

落丁本・乱丁本はお取り替えいたします。